社長のための情報セキュリティ

その取り組みが
会社を強くする

日経BPコンサルティング
情報セキュリティ研究会

日経BPコンサルティング

はじめに

本書は中堅・中小企業の経営者の方々を対象に、ＩＣＴ（情報通信技術）と情報セキュリティを取り巻く現状を知り、情報セキュリティ対策は重要な経営課題の一つであるという意識を持っていただくことを目的にしています。

私たち日経ＢＰコンサルティング情報セキュリティ研究会は、日々の取材活動を通じて得た知見を共有する有志の団体です。近年、特に注目しているのが、中堅・中小企業の経営者の方々の情報セキュリティに対する意識の低さです。

地震や台風といった自然災害、火災の発生、感染症の流行など、万一の事態を想定して責任者やルールを決め、そのリスクを軽減する対応や対策を講じている企業は多いでしょう。

では、情報セキュリティに関してはどうでしょうか。

企業規模にかかわらず多くの業務にＩＣＴが深く関わるようになり、企業が持つ情報はもはや価値を生み出す資産です。何らかの不正やミス、機器の不具合などによって、それらが外部へ漏洩したり失われたりするような事態が発生すれば、企業の価値だけでなく信用まで大きく損なうことになります。

情報セキュリティに関わるリスクを軽減し、企業にとってかけがえのない資産を守ることは、火災や自然災害、疾病などへの対応や対策と同じ経営者の責務です。しかしながら、十分な人、モノ、コストをかけて対策を講じている経営者は、決して多くありません。

とはいえ、「情報セキュリティ上のリスク」と言われても、実際に何が起きるのか、どんな被害が発生するのか、実感が伴わないという方もおられるでしょう。

そこで本書では、冒頭に四つのショートストーリーを掲載しています。いずれもフィクションですが、実際に起こり得る事態を想定したものです。それぞれの経営者のどんな判断が情報セキュリティ上のリスクを高めたのか、どんな判断をすればリスクを軽減することができたのかなど、本書で紹介する内容を簡潔につかめる内容になっています。

後半には、情報セキュリティの現状と課題、具体的な対処方法、情報セキュリティ対策に積極的に取り組む企業の事例などを掲載し、多くの経営者に情報セキュリティを多面的に捉え、その対策が重要な経営課題の一つであることを理解してもらえる構成を心掛けました。

それぞれの内容については、大企業から中堅・中小企業の情報セキュリティ対策をサポートし、多くの知見を持つＮＴＴ東日本にご協力いただき、情報の正確性に努めました。この場を借りて御礼申し上げます。

最後に、本書が貴社の情報セキュリティへの意識を改めるきっかけになれば幸いです。

２０２０年３月

日経ＢＰコンサルティング情報セキュリティ研究会

社長のための情報セキュリティ　目次

Part 2
実践編 I

情報セキュリティ対策は経営課題

Part 3
実践編Ⅱ

経営者が意識すべき情報セキュリティ対策の「心得」

Part 4 Special Interview

中小企業の実例から学ぶ情報セキュリティ対策

Part 1
Short Story

「うちみたいな会社が狙われるの？」身近な情報セキュリティリスク・エピソード集

企業にとって、「情報」の価値や重要性はますます高まっています。また、情報の多くはデジタルが絡んでいます。パソコンやスマートフォンを業務で使わないなど、もはや考えられません。それだけに、情報を守る十分な対策を行わないと、とんでもない事態を引き起こしてしまいます。今や、どんな情報セキュリティリスクがあるかを把握し、守備を固めるのは重要な経営課題です。とはいうものの、情報セキュリティ対策について、具体的にイメージしにくい経営者が多いのも事実です。パート1では、情報セキュリティリスクにまつわる四つのエピソードを紹介します。いずれもフィクションですが、身近に起こり得る代表的なケースです。もし「うちみたいな会社は、そんなトラブルとは無縁」と高をくくっているなら、考えを改めなければならないかもしれません。

Short Story

1-1

ブランド力向上のはずがSNSで大炎上

衣料品卸業のトーノトレーディングで社長を務める遠野卓則（仮名）は、スマートフォンに表示されるニュースサイトの見出しを見つめていた。

【炎上】女優Sのブログを無断転用してもうけようとしたブランドとは？

「このスマホとSNSが武器になるはずだったのに」

こうしている間にも、記事には会社やブランドに対する批判的なコメントが次々と付いていく。SNSで会社やブランドの名前を検索してみても非難の投稿ばかりだ。

「どこで間違ったのだろう」

遠野は、もう何度目かも分からなくなった深いため息をついた。

商機拡大に向けて若手を起用

東北地方では中堅衣料品卸としての実績を持つトーノトレーディングは、メーカーの代理店、海外からのファッション雑貨輸入のほか、ＯＥＭ商品の企画・製造も手掛ける。遠野が二代目として経営を引き継いでから5年。今年で創業45年を迎えた。業績は良好だが課題もある。その一つが人材採用だ。知名度が低く、募集をかけてもなかなか人が集まらない。採用してやっと一人前に育ったところで、大手に転職してしまう。

「このままではこの会社に未来はない。トーノトレーディングの知名度を上げ、この会社の仕事にやりがいや誇りを持って、長く働いてもらえる方法を考えなければ」

会議を重ねるうちに生まれたアイデアが、「若者向けオリジナルブランドの立ち上げ」だった。ブランドの認知度が上がれば、採用の際に「あのブランドの会社か」と思ってもらえる。仕事のやりがいにつながって、離職も減るのではないか。新規事業にリスクは付きものだが、試す価値はあるように思えた。

こうしてオリジナルブランド立ち上げプロジェクトがスタートした。遠野は大きな決断をした。

「若者向けのファッションブランドなのに、私のような中高年が必要以上に口出ししてはダメだ。彼らに受けるものも受けなくなってしまう。思い切って若手のセンスに任せよう」

社内でプロジェクトを発表すると、20代後半から30代前半の若手社員数人が手を挙げた。プロジェクトチームが結成され、プロジェクトリーダーには、ファッションだけでなく、音楽、ゲーム、アニメまで、若者カルチャー全般に詳しい中本啓介（仮名）が任命された。

もちろん、節目、節目では報告や相談を受けた。

例えば、デザイナーの選定だ。推薦されたデザイナーは、プロジェクトリーダーの中本が地元の音楽イベントで知り合った人物だった。デザイン画はどれも遠野にはピンとこなかったが、若手社員や自分の娘や息子に見せると評判がよかった。地元イベントでのテスト販売でも、想像以上の好評価を得てイベント終了を待たずに完売するほどだった。

「若手を信頼しないとダメだな。このまま進めばよいブランドに育ちそうだ」

遠野はそう思い、当初の目的達成に向けて手応えを感じ始めた。

SNSをブランド周知の切り札に

ある程度のアイテムが揃うめども立った。本格展開をするに当たって、メインの販路として若者から絶大な人気を集めるファッション通販サイトを選んだ。とはいえ、出店しただけでブランドの認知度が上がるわけでも、商品が爆発的に売れるわけでもない。

「やはりプロモーションが必要だ。でもうちはずっと卸売業だったし、商品の企画・製造はどれもOEM。プロモーションとなるとどこから手を付けたらいいのか。ファッション雑誌に広告を出せればいいけれど、そこまでの予算をかけられないし」

社長の遠野が抱くそんな悩みにも、チームメンバーは解決するアイデアを持っていた。「SNSマーケティング」だ。SNSに企業やブランドの公式ア

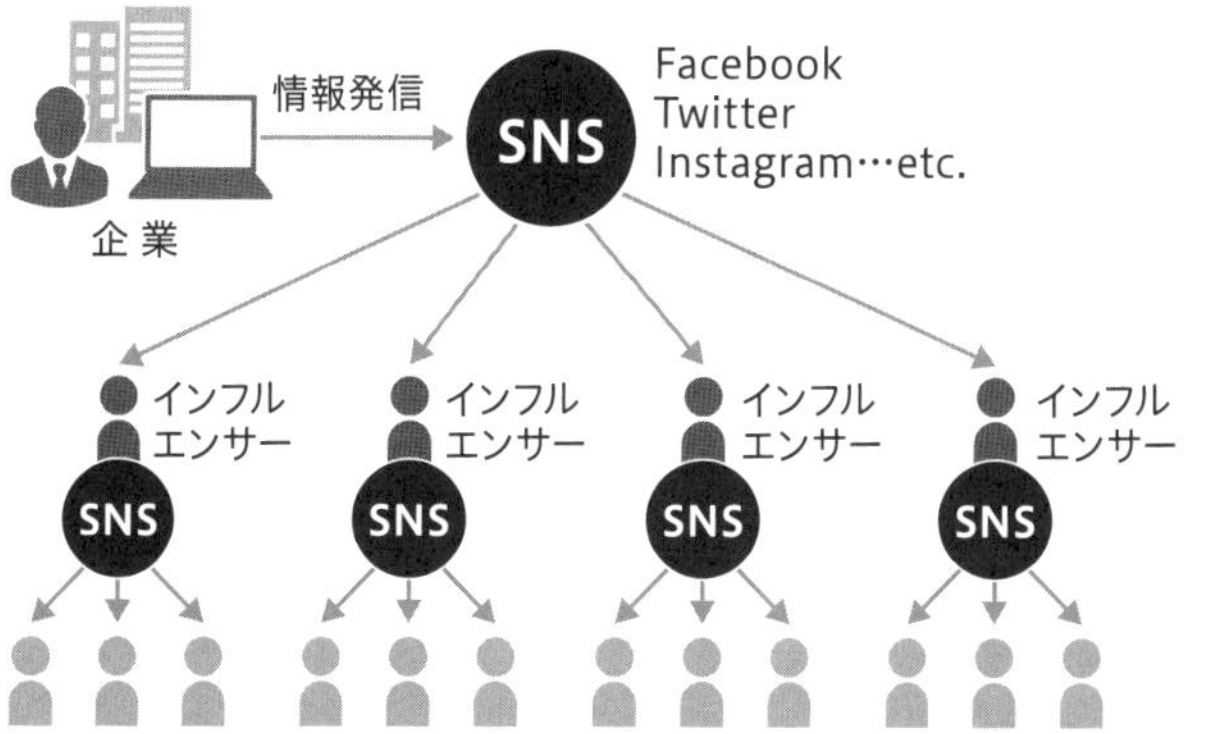

SNSマーケティングとは
SNSを利用したマーケティング手法。影響力のあるインフルエンサーを介して情報を拡散しPRを図る

カウントを作り、そこから情報を発信する。関心を持ってくれたユーザーと双方向のつながりを持ち、企業やブランドの魅力を広めてもらい「ファン」を増やす取り組みだ。

チームメンバーによると、「ブランドの情報だけを発信するのではなく、ユーザーが関心を持つ一般のファッション情報なども発信するとよい。より多くの人に情報が届いてわれわれの商品にも興味を持ってもらえるし、周りの人たちにも広がる」という。一方、運用はそれなりに大変らしい。新しい情報を発信し続けないとファンは増えない。商品情報に偏っても、広告ばかりだと敬遠されるのだそうだ。

「SNSマーケティングの仕組みは理解できても、どうすればいいのか、どれだけ大変なのかの実感が湧かないな。でも、チームメンバーはこれまでうまく進めているし、普段からSNSも使いこなしているから任せて大丈夫だろう」

こうしてオリジナルブランドのSNSマーケティングは、プロジェクトチームのメンバーに一任された。パソコンよりもスマートフォンを使いこなし、個人でもSNSで情報発信をするデジタルネイティブ世代ばかりなだけに、あっという間に複数のSNSに公式アカウントを作って運用が始まった。

スタートした公式アカウントのすべてで、プロジェクトリーダーの中本が中心的な役割を担っているようだ。ブランドの公式アカウントから中本が発信する情報は、ブランドの紹介はもちろん、コーディネートや街中で見つけたおしゃれな雑貨の紹介まで、バリエーションも豊富だ。時間さえあればスマートフォンから投稿しているようで、遠野が驚くほどの投稿頻度だった。

公式アカウントのフォロワー数は順調に増えている。通販サイトでの売り上げも少しずつ伸びた。プロジェクトは順調に進んでいるように思えた。

よかれと思った投稿で大炎上

ところが事態は一転した。

ある朝、遠野が出社すると、公式アカウントが「炎上」しているという報告が入った。急いで公式アカウントを見ると、ある投稿にこれまでなかったほど多くの非難コメントがどんどん付いている。しかも、次々と拡散されている。投稿内容は「女優Sさんにも Tシャツをご愛用いただいています！」というもの。一緒に投稿されている画像は、どうやらSさんのブログの画面をキャプチャーしたもののようだ。

投稿をしたのは、プロジェクトリーダーの中本だ。あれほどSNSを使いこなしていた彼が、なぜこのような事態を招いたのだろう。事情を聞くと、「Sさんのブログを見ていたら、うちのブランドのものらしいTシャツを着た自撮り画像があった。Sさんのファンに、うちのブランドをアピールできると思い、画面キャプチャーを撮って公式アカウントに投稿した」というのだ。投稿を見つけたSさんのファンが拡散したことでSさんの目に留まり、自身のSNSで「無断で宣伝に使われて悲しい」と投稿した。これが炎上のきっかけだった。

中本に、本人や所属事務所の許可が必要だと投稿前に思わなかったのか聞くと、「Sさんが Tシャツを着ていたのは事実だし、画面キャプチャーだって自分の個人アカウントでいつも投稿しているけれど、問題になったことなんてなかった」と答えた。

肖像権や著作権、あるいは著名人が独自

に結ぶ契約など、SNSでは気を付けるべき点がたくさんある。中本自身が思い付かなかったとしても、チームメンバーの誰かが指摘できなかったのか。確認してみると、公式アカウントへの投稿は内容を思い付いたメンバーが随時行うので、投稿前に別のメンバーがチェックする体制ではなかった。

SNSマーケティングの運営をチームメンバーに任せ切っていた遠野は、それを聞いて頭を抱えた。

「まずは急いで事態を収拾しなければ」

該当投稿を削除し、公式アカウントに謝罪文を掲載した。

だが、それがさらに炎上を広めてしまった。よくよく確認してみると、Sさんが着ていたのは、似てはいるものの他社のTシャツだったのだ。図らずも該当の投稿を削除した行為が「証拠隠滅」と見なされたのだ。

会社では改めて調査をした。その上で、経緯や謝罪文をSNSだけでなく会社のWebサイトに掲載した。だが、すでに後の祭り。一部のSNSユーザーからは、「女優Sの名前を使ってコピーブランドを売ろうとした企業」と評された。トーノトレーディングはもとより、社長である遠野、起用したデザイナーの個人情報まで特定された。明らかに事実ではないことまで書かれてしまった。

しばらくして炎上そのものは収まった。だが、ニュースサイトに今回の記事が掲載されたのが決め手となり、ファッション通販サイト上の店舗は閉じるのを余儀なくされた。せっかく立ち上げたオリジナルブランドにも未来はないだろう。

トーノトレーディングの名前で検索しても、検索結果の上位に表示されるのは、いつまで経っても非難する内容ばかりだ。さらに、取り引きがあった企業との関係性も変わってきそうだ。中には心配してくれる企業もあるが、取り引きを敬遠する企業も出始めたと、営業部門から報告が入っている。

遠野は、もう一度深いため息をついた。

1-1
解説

SNSマーケティングを利用する上での注意点

●SNSの活用が間違いだったわけではない

トーノトレーディングでは、会社の将来のため、社内の若手をプロジェクトのチームメンバーにして、若者向けファッションブランドを立ち上げるプロジェクトをスタートしました。プロジェクトではICTを積極的に活用した取り組みを行いました。販売は、ファッション専門のECサイトと呼ばれるインターネット通販サイトを中心にし、認知度の向上やブランディングのためにSNSマーケティングも行いました。

こうしたトーノトレーディングの取り組みは、理にかなった選択だったといえます。総務省の『令和元年版 情報通信白書』では、インターネット利用端末の種類は「スマートフォン」が59・5％で最も高く、48・2％の「パソコン」を上回っています。また、インターネット利用目的である「ソーシャルネットワーキングサービスの利用」は60％。「商品・サービスの購入・取引（金融取引・デジタルコンテンツを除く）」と回答した人も、42・5％に上っています。

実際に、企業の規模や業種・業態に関係なく、SNSマーケティングで企業やブランド、商品のファンを増やした事例は数多くあります。経営者にとって、SNSの利用は販促や認知度向上のために活用すべき取り組みだといえるでしょう。

SNSが持つ大きな特徴の一つは、消費者と直接つながることができ、そのつながりが広がることで発信する情報がより多くの人に伝わる点。しかし、ここで注意すべきは、「よい情報」だけではなく「悪い情報」も瞬く間に広がるというリスクです。

●間違いの始まりはプロジェクトリーダー頼りの運用

ICTの活用では、メリットを最大化しつつ、リスクを最小化することが求められます。本書では、そのための必要な取り組みとして、「モラル」「ルール」「仕組み」の三つをバランスよく組み合わせた情報セキュリティ対策を提言していますが、トーノトレーディング社長の遠野は、SNSマーケティングを行うに当たって必要な取り組みをしていたとは言い難いでしょう（パート2－1参照）。

SNSから発信する情報であっても、企業が扱う情報である以上は資産の一部です。にもかかわらず、遠野はSNSマーケティングについて「どうすればいいのか、どれだけ大変なのかの実感が湧かない」という理由から、その運用をプライベートでSNSを使いこなしているチームメンバーに一任しました。

この決断が間違いの始まりでした。資産である情報の扱い方を決めるための知識を持たず、ルールや仕組みを用意せずに従業員が自由に取り扱えるようにしていたのですから、経営者としての責任を果たしていたとはいえません。

ルールと仕組みの用意もないまま、SNS運用が始まると、すぐにプロジェクトリーダーばかりが投稿するようになりました。プロジェクトリーダーのモラルだけに頼った状態になったわけです。ところが、トラブル発生後に「本人や所属事務所の許可が必要だと投稿前に思わなかった」と話すなど、プロジェクトリーダーはさまざまな権利に対する意識が低かったことが明らかになりました。遠野が頼りにしたモラルも、実際には機能していなかったのです。その結果、トーノトレーディングの公式アカウントは、炎上しました。

●経営者として遠野が取るべきだった行動

遠野は経営者として、新規事業の成功に欠かせないSNSやSNSマーケティングについて知り、「SNSからの発信も企業が取り扱う情報だ」という意識を持つべきでした。そうすれば、取り扱うためのルールを作り、運用の効率化やトラブル防止の仕組みを導入してからSNSマーケティングをスタートするという異なる決断ができたでしょう。

SNSでは、個人なら「ネタ」で済む投稿が、企業の公式アカウントでは「不適切」だと捉えられることも少なくありません。ルールづくりの過程では、企業としてSNSから発信するのは、どのような情報であるべきか、どのような体制で取り扱うべきか、取り扱い方次第でどのような影響があるのかなどを検討できたはずです。トラブルを防ぐには、SNSの運用担当者にはどのような知識が必要なのか、トラブルが発生したときには、どのように対応するかといった内容についても決められたでしょう（パート3－2参照）。

企業としてSNSを利用するのであれば、著作権、商標権、肖像権など、さまざまな権利や差別、誹謗中傷、名誉毀損など、ガバナンスやコンプライアンスへの意識や知識も求められます。必要に応じて研修やeラーニングなどの仕組みを導入して、チームメンバーが必要な意識や知識を持つ機会も作るべきでした（パート2－7参照）。

SNSの運用に限らず、個人に依存した体制でICTを運用することはリスクを高めます（パート2－6参照）。例えば「投稿は必ずほかのチームメンバーが事前にチェックする」というルールを作って運用していれば、問題となった投稿の公開を止められたはずです。また、SNSのアカウントや投稿を、複数のメンバーで管理するサービスも提供されています。そうした仕組みを導入すれば、投稿前の作業負荷が増えたとしても炎上を最小限にとどめることができたでしょう（パート2－6参照）。

トーノトレーディングでは、問題発覚後に慌てて投稿を削除するなどの事後対応が被害を広げました。落ち着いて行動し、問題を把握して調査をしていることや、十分な調査とその結果を再発防止策とともに発信していれば、被害の拡大を防げたかもしれません。
ただし、そうした対応を実際に行うには、トラブルが発生した場合に、誰に、どんな情報を伝え、どのように対応するかといったルールがあり、それが担当者の間で共有されている必要があります。実際にトラブルが発生した場合に適切に行動するには、そうした事態を想定した訓練を実施して、疑似体験しておくことも重要です（パート2－7参照）。

会社の将来を担うプロジェクトのスタートで、遠野はECサイトやSNSといったICTを積極的に活用するという理にかなった選択をしました。しかし、それだけでは経営者が果たすべき責任として十分ではありません。ICTが持つリスクにも目を向け、適切に運用できるだけでなく、万一の事態にも対応できる対策を行うことも、経営者の責任に含まれるのです。

Short Story

1-2

偽メールで届いたURLにアクセスしただけで顧客情報流出

角満食品は、大手が扱わない地方の海産物や加工食品などを、全国のスーパーマーケットや小売店へ卸す食品卸業。規模こそ大きくはないものの、バイヤーが地道に探し出した「通好み」な商品構成が特徴だ。実直な営業活動で顧客からの信頼を得て、地道に事業規模を拡大してきた。

だが、この数日で経営状況は急激に悪化した。社長の角田俊樹（仮名）の下には、発注キャンセルや取引停止の報告が次々と届いている。

「たった一通のメールでこんなことになるとは」

ウイルスの怖さは知っていたはずなのに

角満食品にとって、顧客や生産者との直接の接点となるバイヤーや担当営業は事業にとって欠かせない存在だ。その彼らを支える管理部門の業務フローは、ICT化によって大きく変わった。受発注の管理は、紙の帳簿から受発注管理システムになった。バイヤーと生産者、担当営業と顧客とのやりとりも、以前は電話とファクスだった。現在はそのほとんどがメールに切り替わった。

業務の効率化は進んだ。だが、その過程では「痛い目」にも遭った。当時流行していたウイルスにパソコンが感染したのだ。複数のパソコンの動きが遅くなったり、突然再起動したりしたが、ＩＣＴ専門の部署を持たない角満食品社内では、原因が分からなかった。そこで、専門の業者に調査してもらうと、ウイルスが原因だと判明した。復旧作業も外部に依頼した。解決はしたものの、その費用は決して少なくはなかった。

直接の原因は、社員が自宅に仕事を持ち帰るために使ったＵＳＢメモリーがウイルスに感染しており、それが社内ネットワークを介して広がった。角満食品側にも問題はあった。社内で利用するパソコンの台数が増え、メールを利用するようになったにもかかわらず、ウイルス対策を行っていなかったのだ。

これを機に、角満食品はウイルス対策ソフトの導入を決めた。また、同時に運用面も見直し、ＯＳやアプリケーションのセキュリティ対策用のアップデートがあると、全社メールでその更新作業を促した。

もう何年も前のことだが、社長の角田は今でもそのときを思い出す。

「調査と復旧の見積書の金額を見たときは、手の震えが止まらなかったな。だけど、もうウイルス対策はしているから、二度とあんなトラブルは起こらないはずだ」

取引先からの指摘で情報漏洩が発覚

そんな中、角満食品には顧客や生産者から、不穏な問い合わせが届いた。内容は、不審な業者から「ライバル会社の取引先情報を売る」「より有利な条件で商品を販売できるルートを紹介する」などのような勧誘が来るようになったというものだ。これらの勧誘が届くのは、角満食品と取り引きのある担当者ばかりだった。さらに文面には、思い当たるような取り引きの価格まで記載されていた。角満食品から情報が漏れたとしか思えない。

顧客情報や取引情報が外部に流出したとなれば、会社の信用どころか存続にも関わる。「対策ソフトは導入しているから、ウイルスではないはずだ。となると、社内に不届き者がいるのだろうか。疑いたくはないが、社内の不審な動きを調査しなければ」

早速、角田は社内調査を指示した。ところが、受発注管理システムの顧客情報や取引情報にアクセスできる営業部門や経理部門に、該当する者はいなかった。「自分たちの手には負えない」と判断し、情報セキュリティの専門会社に調査を依頼した。

調査の結果、明らかになったのは、角田にとって思いがけない事実だった。社内の受発注管理システムなどが動くサーバーや、社員が使うパソコンのほとんどが、「マルウェア」に感染していたのだ。

情報セキュリティ専門会社の担当者によると、マルウェアとは「不正かつ有害な動作を行う意図で作成された悪意のあるソフトウェアや悪質なコードの総称」とのこと。角満食品が以前感染したウイルスも、マルウェアの一種だという。そのマルウェアが、顧客情報や取引情報を含む大量の情報を、角満食品とは何の関係もない海外の

サーバーに転送していた。

角満食品から盗み出された情報が、そのサーバーから「ダークWeb」や「闇サイト」と呼ばれる、不正に取得した企業や個人の情報を売買する場に流れた。そこを経由し、顧客や生産者に不審な業者からの勧誘が届くようになったのではないかと推測された。マルウェアによる通信はすぐに遮断したが、すでに流出した情報は取り戻せない。

感染経路は顧客を装った偽のメール

「ウイルス対策ソフトは導入したのに、マルウェアにどこで感染したのだろう」

そういぶかしむ角田に、情報セキュリティ専門会社による追跡調査の結果が届いた。それによると、感染のきっかけは一通のメールだという。

3カ月ほど前、顧客の一社であるスーパーマーケットの購買担当者から、担当営業宛てにメールが届いた。現在ほとんど取り引きはないが、その購買担当者の名前は覚えていた。メールの件名には「未請求取引のお問い合わせ」とあった。メールを開いて読んでみると、「購入した商品について請求漏れがないかどうか、記載されているURLにアクセスして至急確認してほしい」という内容だった。

担当営業が指定のURLにアクセスすると、Webページに並んでいるのはどれも角満食品では扱っていない商品ばかりだった。担当営業は「取り引きがなくなって時間も経っていたし、先方が何か勘違いしたのでは」と思ったという。「送信先かURLをお間違えではありませんか？」といった内容のメールをすぐに返信した。だが、その後連絡はなかったので今回の件で調査されるまで忘れていた。

ところが、このメールとアクセスしたWebページが問題だった。Webページにはマルウェアが仕込まれており、担当営業が開いたことでそのパソコンが感染した。

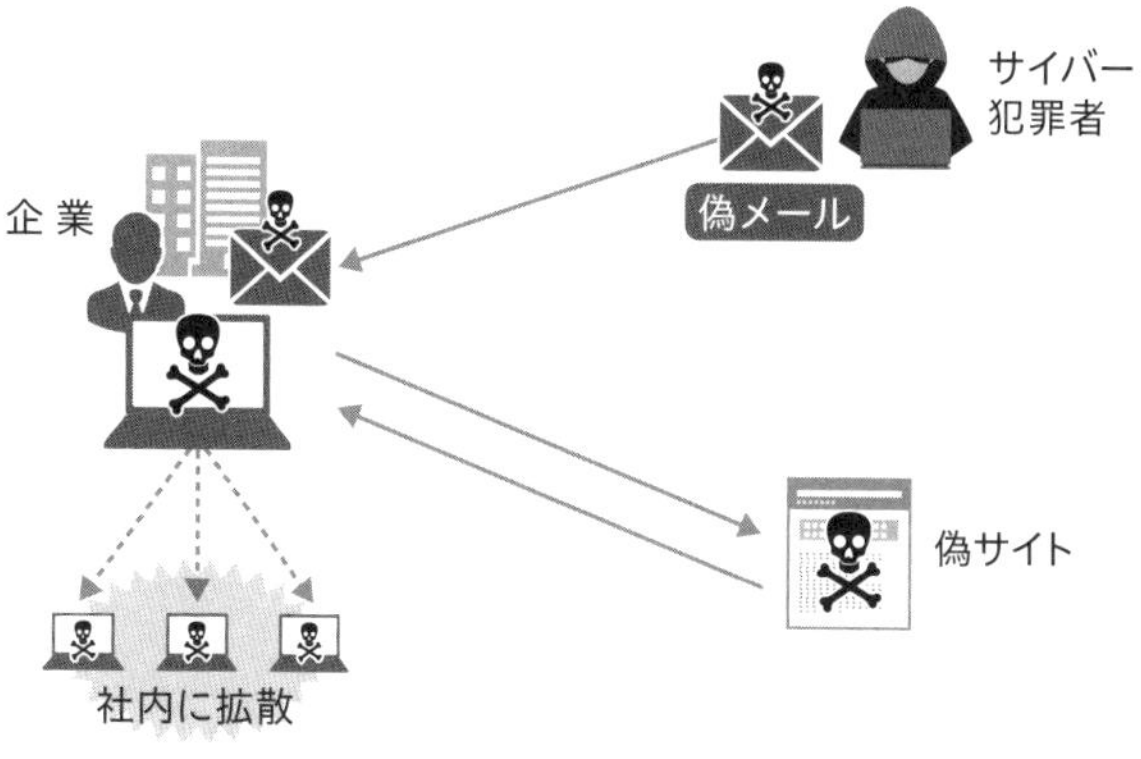

標的型攻撃の仕組み
偽メールをきっかけとしてマルウェアに感染、情報漏洩につながる

マルウェアは、感染してすぐには情報を外部に送信しなかった。一台のパソコンにある情報は決して多くはない。より多くの情報を盗み出せるように、しばらくの間は、社内ネットワークを介してほかの社員のパソコンや、担当営業が利用する受発注管理システム、顧客管理システムなどが動くサーバーに、次々に感染していくように作られていたのだ。そして、ある程度感染が広がったところで、角満食品社内のパソコンやシステムから、情報を一斉に海外のサーバーに転送した。

メールは巧妙。不審点を見つけられず

「そんなメールを疑わないなんて。全社メールで『不審なメールが届いても開かないように』と連絡していたのに」

そう憤る角田だったが、情報セキュリティ専門会社の説明を聞いて、考えは変わった。担当営業が被害に遭ったのは「標的型攻撃」と呼ばれ、担当営業を狙い撃ちにしたものだった。調査報告書にあった担当営業に届いたメールを見ると、担当営業の氏名や在籍する部署は正しい。メール本文の日本語にも不自然な点はない。アクセスしたＷｅｂページも、いかにもその顧客が用意したようなデザインだ。送信元のメールアドレスの「＠」よ

り後ろの部分やリンク先のURLは、その顧客が利用するものと違う……くらいしか気付く箇所はない。

「こんな巧妙なメールが私に届いたら、だまされずに済むだろうか」

不審なメールを使った攻撃は、以前は不特定多数に送信されるケースが多かった。この類いのメールは件名が怪しげで、本文も日本語として不自然な部分が多い。たいていひと目で判別できる。ところが、近年、攻撃側の手法は巧妙化している。件名や本文だけで判別するのは難しい。さらに、ウイルス対策ソフトで検出できないケースも多い。予防に加え、「感染しても被害を最小限に食い止める」方針も取らざるを得ないのだという。

犯罪の被害者であると同時に加害者にも

角満食品は、標的型攻撃を受けて情報を盗まれた。その観点では被害者だ。だが、十分な対策をしておらず、重要な情報を漏洩させてしまった。取引先から見れば加害者に該当する。

当然、企業として責任を取らなければならない。角田は角満食品の社長として、被害を与えた顧客や生産者を回り、おわびすることになった。個別に交渉を行い、漏洩した情報の内容や件数、重要度に応じた賠償金を支払うはめになった。それ以外にも調査費用や弁護士費用など、事後処理の費用も大きく膨らんだ。

何より深刻なのは、角満食品が長年にわたって築いた信用が、この一件で失われたことにほかならない。

1-2
解説

環境や状況の変化に合わせた情報セキュリティ対策

●情報セキュリティ対策の大切さは知っていた

食品卸業を展開する角満食品ではICT化が進み、バイヤーや担当営業を支える管理部門の業務には、受発注管理システムを導入していました。ICT化によって業務の効率化というメリットを享受した一方、そのリスクについても身をもって経験しています。以前、社内のパソコンがマルウェアに感染したことがあったのです。

情報セキュリティ対策の普及啓発活動に取り組むIPA（独立行政法人情報処理推進機構）の『コンピュータウイルス・不正アクセスの届出状況［2019年（1月～12月）］』によると、2010年から2019年の10年間でIPAに報告された「ウイルス等の検出件数」の合計は、約1125万個にも及びます。適切な対策をしていなければ、そのうちの一つが、角満食品のパソコンに感染したとしても不思議ではありません。

こうした経験から、角満食品ではウイルス対策ソフトを導入しました。また、全社メールでOSやアプリケーションソフトの情報セキュリティ対策用のアップデートの更新作業を促すなど、ICT環境の運用でも対策を行いました。

●最新の情報セキュリティの知識が足りていなかった

そうした対策を行っていたにもかかわらず、角満食品では再び情報セキュリティインシデントが発生しました。社内のシステムやパソコンがマルウェアに感染し、顧客情報や取引情報などが流出したのです。角満食品がこのような事態に陥った一番の理由は、情報セキュリティに関する最新の動向を知らず、以前導入した情報セキュリティ対策のまま運用を続けたことです。

現在のサイバー犯罪は高度に組織化され、攻撃の多くは企業の情報を狙った金銭目的による犯行です。盗まれた情報だけでなく、ソフトウェアの脆弱性や、脆弱性対策を疎かにしている企業のリストなど、サイバー犯罪を行うための情報は、「ダークWeb」「闇サイト」などと呼ばれるマーケットで売買されています。

サイバー攻撃の手法も、多様化しています。総務省の『平成30年通信利用動向調査』によると、被害の内容は約半数が「ウイルスを発見または感染」で最多ですが、そのほかにも「標的型メールの送付」「スパムメールの中継利用・踏み台」「不正アクセス」「故意・過失による情報漏洩」などさまざまな被害が報告されています。

角満食品が被害に遭ったのは、標的型攻撃と呼ばれるものでした（パート2－5参照）。角満食品では不審なメールに対する注意喚起をしていましたが、標的型攻撃で送られるメールは巧妙になっています。標的にされた従業員は、取引先を装ったメールを偽物だと見抜けず、記載されたWebページにアクセスしたことでマルウェアに感染しました。

企業のICT環境は情報セキュリティ面でさまざまなリスクにさらされています（パート2－5参照）。OSや業務システム、アプリケーションなどには、発売後に「不具合」が見つかる場合があります。メーカーからは、不具合情報とそのパッチ（不具合を修正するためのプログラム）が提供されますが、それを適用するのは利用者です。したがって、パッチを適用していない場合も少なくありません。攻撃者はこの状況を悪用して情報を盗み出します。

ウイルス対策ソフトを導入したからといって、過信してはいけません。最新化されていなかったり、社員が勝手に起動を停止していたり、新しいパソコンを購入したときに未導入だったりなど、ウイルス対策ソフトが有効に利用できていない可能性も考えられます。

また、以前はウイルスそのものがメールに添付されることが多かったのですが、最近はダウンローダーと呼ばれるものが添付されている場合もあります。ダウンローダーを開くと、本物のウイルスがダウンロードされるという巧妙な仕掛けになっています。つまり、メールを受信したときにはウイルス対策ソフトで検知できないということがあるのです。

角田の失敗は、導入したシステムへの過信と、最新の動向を知らなかったことといえます。

●経営者として角田が取るべきだった行動

角田は情報という企業の大切な資産を守るため、自社のＩＣＴ環境やそれを取り巻く情報セキュリティの最新動向にも目を向け、環境や状況の変化に合わせて情報セキュリティ対策のアップデートを行うべきでした。

例えば、標的型攻撃では、自社のネットワークとインターネットの間にある「入口」から「出口」までを、複数の対策を組み合わせて守る「多層防御」が必要です（パート２－７参照）。入口対策では、マルウェアを検知して感染を防ぐ仕組み、出口対策では、マルウェア感染によるシステムの不審な動きを検知して情報漏洩を防ぐ仕組みなど、複数の対策を組み合わせるわけです。

脆弱性に対しても対策が不十分でした。メールで修正プログラムの適用を促しても、すぐに社員が実施するとは限りませんし、修正プログラムが適用されているかどうかを知る手段がないのでは対策として実効性がありません。パソコンやシステムの情報を収集して一括管理する仕組みの導入を検討することも必要です。

とはいえ、角田自身が情報セキュリティ対策の専門家になる必要はありません。

角田が経営者として行うべきは、情報セキュリティに関する動向や自社の現状、情報セキュリティ対策の状況に関する情報が角田の下に集まり、適切な判断を下せる体制を構築することでした。例えば、経営幹部の中に情報セキュリティ担当を任命し、経営会議の場で情報セキュリティに関する情報を共有して議論する体制を設けていれば、現在の情報セキュリティ対策が不十分なことが明らかになり、その見直しもできたはずです（パート3－1参照）。

ICTの世界では日々新しい技術やサービスが登場し、それに合わせて犯罪者の手口も巧妙化しています。健全な情報セキュリティを維持するには、環境の変化や現状の評価と対策の見直しを行い、絶えずアップデートする必要があります。経済産業省が『サイバーセキュリティ経営ガイドライン』で、重要な10項目の一つに挙げている「Plan（計画）」「Do（導入・運用）」「Check（点検・評価）」「Action（見直し・改善）」で構成される「PDCAサイクル」の実施も、その具体的な施策の一つです（パート3－4参照）。

情報セキュリティインシデントの発生によって、企業は金銭的なコストに限らず、長い時間をかけて築き上げた社会的信用も失う可能性があります。企業の情報セキュリティにとって個々の対策は重要ですが、経営者の立場でより重要なのは、すでに情報セキュリティ対策を行っていたとしても、それらを評価し、改善していく仕組みを作り、社会的信用のような得難い企業の価値を失うことにならない体制を構築することなのです。

Short Story

1-3 安全のためのクラウドサービスが現場任せの運用で情報漏洩

渚 智昭（仮名）が社長を務めるビーチの事業は、幼児向け玩具の設計・製造。従業員数約50人と規模こそ小さいものの、外部のデザイナーから金型工場、海外の生産工場まで、幅広いネットワークを築いているのが強みだ。主要クライアントは、全国に展開するディスカウントストア。担当者の商品企画の意図をくんだ形状や色の変更、コスト削減につながる生産工程の改善など、きめ細やかな提案はクライアントからも好評で信頼も厚い。

その渚が今、手に取って見つめているのは、動物のフィギュアだ。特徴をデフォルメした造形と彩色は愛らしい。同時にどこか小憎らしく、見ているとつい微笑んでしまいそうだ。

これが本当にビーチの製品だったなら、どんなによかっただろう。1週間ほど前まで、担当者がクライアントだけでなく外部のデザイナー、金型工場、生産工場とチームを組んで、発売に向けて動いていたからだ。だが手にしているのは、発売直前に他社から登場した「コピー商品」だった。

「なんでこんな製品が出回っているのだ」

現場は生産性、取引先は情報セキュリティの向上を要望

ビーチの事業では、クライアントと商品の企画書や仕様書、契約書から受発注や請求関連の書類を日々やりとりする。外部のデザイナーとは製品のデザイン画、金型工場とは金型を作るのに必要な3Dデータをやりとりする。海外の生産工場には、製品の色見本や塗装見本を送る必要があるし、試作品の写真を送ってもらうこともある。

やりとりする件数やファイルの容量は、年々大きくなっている。「このままでは近いうちに業務に支障を来す」という現場の声は、社長の渚にまで届いた。

現在どのように業務を進めているのか確認すると、外部とのやりとりは、それほど機密性が高くないものはメールの添付ファイルで送信しているとの回答を得た。機密性が高いものは、パスワード付きの圧縮ファイルにしてから添付ファイルとして送信し、別のメールでパスワードを送信する運用だ。容量の大きなファイルや海外の生産工場とのやりとりは、各自がインターネットサービスとして提供される「大容量ファイル転送サービス」を利用しているという。

「確かにこれでは手間がかかる。生産性向上のためにも、何か効率的な手段を導入しなければ」

そんな中、クライアントからも情報をやりとりする方法について要望が届いた。その目的は情報セキュリティの向上だ。これまでは、クライアントもメールの添付ファイルを使ってきた。ところが、メールの誤送信が度々発生し、パスワードをかけた圧縮ファイルでのやりとりも徹底するのが難しい。そこで、メールと添付ファイルに代わる方法として「クラウドサービス」を利用することにしたので、協力してほしいという。

さらにクライアントからは、ビーチが業務を委託している協力会社とのやりとりについても、情報セキュリティの向上が図れる仕組みの導入を検討してほしいと要望された。

「確かに安全とはいえないな。この機会にビーチとしても別の方法を考えるか」

ファイル共有でクラウドの利用をスタート

クライアントから利用を求められた「クラウドサービス」とは、インターネットを介して提供されるＩＣＴサービスのことだという。クラウドではメールやワープロ、表計算ソフトから会計や顧客管理システムまで、多様なサービスが提供され、月額や年額といった利用料を払えば使えるようになる。現場が利用していた大容量ファイル転送サービスも、クラウドサービスの一種だった。

提供されているサービスの中には、ファイル共有サービスもある。ビーチでは社内のデータ共有用にサーバーを設置して、共有スペースとして利用している。クラウドの場合はそれがインターネット上にあり、クラウドサービス事業者と契約すると利用できるようになる。

クラウドには、さまざまなメリットがあるのも分かった。例えばファイル共有サービスでは、メールの添付ファイルでは送れない大容量のファイルも、

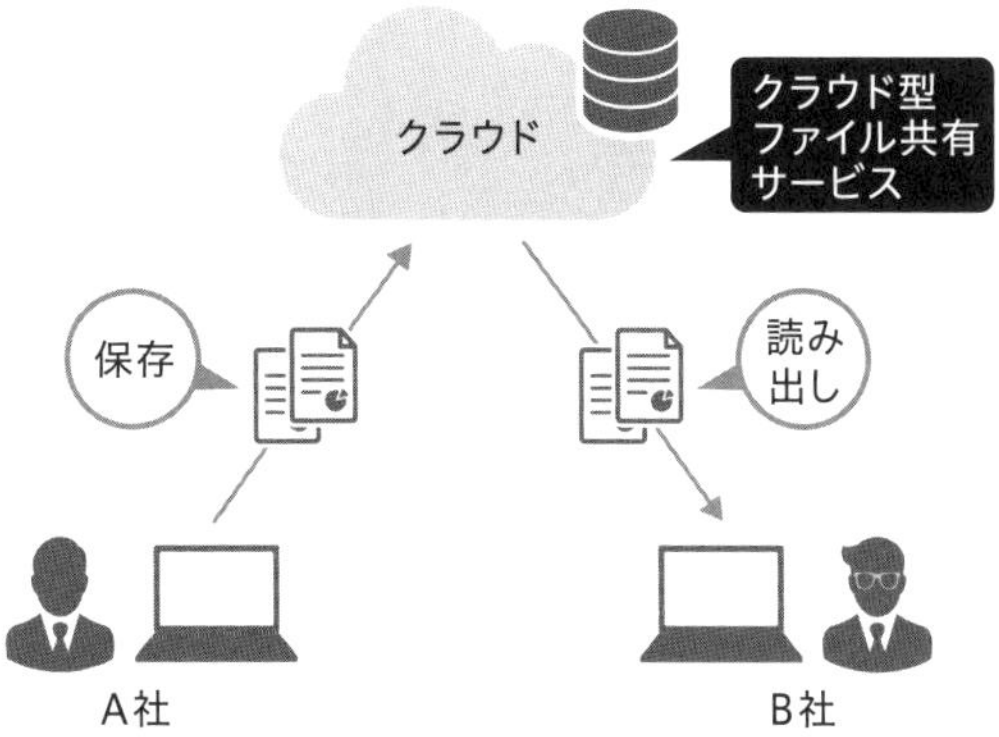

クラウド型ファイル共有サービス
クラウド上のストレージに保存したデータを、いつでもどこからでも取り出せる

クラウド上の共有スペースにＷｅｂブラウザーからアクセスすればやりとりができる。共有スペースといっても、取引先や案件ごとにフォルダを分け、アクセスしたり内容を変更したりできる人を管理画面で設定できる。この機能を利用すれば情報セキュリティの向上も図れそうだ。

「生産性向上にもつながりそうだし、うちが導入しても効果がありそうだ」

こうして渚はファイル共有サービスの導入を決めた。その旨を伝えると、クライアントからも現場からも歓迎された。特にクライアントからは、ビーチが外部の協力会社やスタッフとのやりとりにもクラウドを導入したのを、情報セキュリティ向上の観点から評価された。

クライアントとのファイルのやりとりには、先方が用意したクラウドのファイル共有サービスを利用する。一方、ビーチと外部の協力会社やスタッフとファイルのやりとりを行う際は、ビーチが契約したクラウドサービスを利用することにした。

この導入に難色を示したのが総務部だった。ビーチにＩＣＴ専門の部署はない。社内のシステムやパソコンの運用管理は総務部が担っている。現在の業務に加えて、クラウドの運用管理まで担当する余裕がない。これが反対の理由だ。現場のスタッフからも、いちいち設定を総務部に頼むのは手間がかかる、と声が上がった。そこでクラウドに限っては、実際に利用する各部署が、設定などの運用管理を行うことにした。

ある日クライアントから呼び出しが

急遽導入を決定したクラウド型ファイル共有サービスは、予想以上にビーチに定着していった。現場からも「とにかく外部の協力会社やスタッフとのファイルのやりとりが簡単になった」と評価された。

ところが、導入から1年ほどが過ぎたある日、渚はクライアントから呼び出された。先方の本社へ出向くと、動物のフィギュアを見せられた。ビーチがクライアントの企画に沿って、デザインから試作、生産までを担当し、もうすぐシリーズ展開がスタートする予定のものだ。生産で不具合でもあったのか。先方から告げられたのは想定外の内容だった。

目の前にある製品は、ビーチが委託する海外の工場で作られたものではなかった。コピー商品だというのだ。しかも、すでにECサイトやネットオークションに出回り、先方の担当者が見つけて入手したのだという。比較すると、本来の商品とは形状が微妙に違う。どうやら試作途中のデータを基に製造されたようだ。

クライアントの社内で調査したが、情報流出の形跡はない。となると、次に可能性が高いのは情報をやりとりしていたビーチからの流出だ。社に戻った渚は、情報流出の有無やファイル共有サービスの利用実態の調査を開始。そして、その調査結果を見て青ざめた。

現場に任せると利便性を優先する

ファイル共有サービスのセキュリティ機能には、何の問題もなかった。問題があったのはビーチ側の運用管理だった。

ファイル共有サービスの利用に必要なアクセス用のIDとパスワードは、ビーチの社員には一人ひとりに個別のものを発行していた。ところが、外部の協力会社には会社ごとに一つ、デザイナーなどの個人に至っては全員が同じIDとパスワードだった。パスワードも電話番号から類推できるもの。一定期間ごとに変更する運用もしていなかった。さらに、共有スペースに一度アクセスしてしまえば、すべてのフォルダの中を見られた。

一方、クライアントが導入し、ビーチのスタッフも利用するファイル共有サービスでは、利用する全員に個別のIDとパスワードが発行されていた。パスワードも一定期間ごとに変更が必要だった。新しい案件が決まると案件ごとにフォルダが作られ、その案件に関係ないIDでは、フォルダの中身を見られない。

ビーチの運用とは雲泥の差だ。

渚が理由を尋ねると、「いちいち設定を変える必要がなくて便利だったから」だという。これでは情報セキュリティの向上なんて実現できるわけがない。現場のスタッフからは「クラウドは手間とコストを減らすために導入したのですよね」と逆に問い詰められる始末。クラウド導入の目的に対して、大きな意識のズレがあったと今になって気付いた。

ファイル共有サービスの利用履歴を調べた。すると数カ月前からビーチとまったく取り引きのない国から、複数回のアクセスがあったのが判明した。おそらく、このときに製品の情報を盗

まれたのだろう。こうしたサイバー攻撃を行う犯人にとって、ビーチが設定したＩＤとパスワードを推測するのは、さほど困難ではなかったはずだ。

こうして多大な労力をかけ、多くの人の協力を得て開発してきた商品の情報は盗まれた。知らない国のどこかの工場で生産され、コピー商品として市場に出回っている。犯人を見つけようにも特定は難しく、相手が海外にいるのでは訴えることも難しいという。

クライアントからの信頼は地に落ちた。賠償金に関する交渉は現在も進行中だ。商品開発にかけた期間やコストも加味すれば、失う金額は相当なものになるだろう。

ビーチのずさんなクラウドの運用によって、外部の協力会社やスタッフが、この騒ぎに巻き込まれた。彼らからの信頼を失ったのも、言うまでもない。

1-3
解説

現場任せのＩＣＴ運用が情報漏洩につながる

●クラウドサービス導入は正しかったが

幼児向け玩具の設計・製造を行うビーチでは、取引先や外部のデザイナー、金型工場、海外の生産工場など、社内外のさまざまな関係者との間で情報のやりとりが発生していました。その情報も商品の企画書、仕様書、契約書などの書類、製品のデザイン画、金型製作用の３Ｄデータ、色見本や塗装見本、試作品の写真など多岐にわたります。さらに、ファイル容量は年々大きくなり、メールの添付ファイルでやりとりする方法では、業務に支障が出ることが予想されました。

その解決策として導入されたのが、クラウドサービスでした。クラウド型のファイル共有サービスを利用すれば、大容量のファイルであってもクラウド上の共有スペースでやりとりでき、業務効率化が図れます。また、情報セキュリティの向上も期待されました。利用者にＩＤとパスワードを付与し、取引先や案件ごとにアクセスできるスペースを管理することで、メールの誤送信やファイル送付時のパスワードの設定漏れなどはなくなります。

総務省の『令和元年版 情報通信白書』によると、２０１８年の時点で一部でもクラウドサービスを利用している企業は58・7%と、すでに半数を超えています。利用しているクラウドサービスでは、「ファイル保管・データ共有」が最多の53・1%。導入効果があったと回答した企業の割合は、83・2%にもなります。このことからも、ビーチ社長である渚のクラウドサービス導入という決断は、ICTの潮流に合わせたものだったといえます。

クライアントからも自社の現場からも好評だったクラウドサービスの利用。ところが、そのクラウドサービスから開発中だった新製品の情報が流出し、ビーチの企業としての信用を失墜させる事態を引き起こしてしまいました。

●利便性と情報セキュリティのバランスの欠如が招いた情報漏洩

ビーチが起こした事態だけを見れば、「クラウドは情報セキュリティが不安だ」と思う方もいるでしょう。前述の白書でも、クラウドサービスを利用していない企業のうち33・3%が、利用しない理由として「情報漏洩などセキュリティに不安がある」と回答しています。

新製品に関する情報漏洩は、ビーチが導入したクラウド型のファイル共有サービスで発生しました。ビーチではサービス利用のため、社員にはアクセス用のIDとパスワードを個別に発行していましたが、外部の協力者に対しては利便性ばかり追求して、IDとパスワードを使い回していました。さらに、パスワードは簡単に類推でき、定期的な変更も行わず、共有スペースのすべてのデータに全員がアクセスできる状態でした。

IDとパスワードの使い回しは、情報漏洩につながります（パート2－5参照）。IPAやインシデントの対応支援等を行う一般社団法人JPCERTコーディネーションセンターをはじめ多くの組織や機関も、その危険性について啓発活動を行っています。にもかかわらず、ビーチでは利便性を優先した運用をしていました。

クラウドサービス事業者の多くはさまざまな情報セキュリティ機能を提供していますが、どんなに強固なセキュリティ機能を提供していても、ビーチのような運用では情報を守ることはできません。情報漏洩の原因は、クラウドサービスそのものではなく、ビーチの運用だったのです。

ビーチでのクラウドサービスの運用が、利便性と情報セキュリティのバランスを欠いたものになった背景には、同社のICT環境の運用管理を担う総務部の人材不足があります。既存のICT環境に加え、クラウドサービスの運用管理まで担当する余裕がないという理由から、その運用管理を実際に利用する各部署に任せていたのです。

その結果、現場の利用者は業務効率を上げるため、前述したとおり利便性ばかりを追求した運用を行いました。一方、社長である渚がクライアントから要望を受け、目的の一つとしていた情報セキュリティの向上は、現場に十分に共有されることなく軽視されてしまいました。

クラウドサービスの運用管理作業は現場に任せるとしても、その導入に当たって目的を明確にしてメリットとリスクを洗い出す。そして、利便性と情報セキュリティのバランスが取れた利用ルールを設けてから運用をスタートしていれば、情報漏洩は防げたかもしれません。

●経営者として渚が取るべきだった行動

前述のとおり、すでに半数以上の企業がクラウドサービスを利用し、その8割以上が導入効果を認めています。クラウドサービス事業者の多くは、情報セキュリティだけでなく、システムの安定稼働やデータの保護にも注力しています。サービスによっては、コスト削減や業務効率向上だけでなく、一企業では導入が難しいような高いレベルの情報セキュリティ対策が実現できることもあります。

情報という企業の資産をクラウドサービス事業者に預けるわけですから、不正アクセスやなりすましによる情報漏洩が発生しないような「ルール」や「仕組み」が必要になります。具体的にはIDやパスワードの運用管理方法、データの閲覧や変更、削除などの権限に関するルールの策定、データの暗号化やバックアップなどです。

クラウドサービスの導入に際して、現場のスタッフには社内外の関係者との情報のやりとりの効率化という目的は共有されていましたが、情報セキュリティ向上も目的であることは十分に共有されていませんでした。さらに、IDとパスワードを使い回すなど、情報セキュリティに対するモラルも低かったことがうかがえます。情報セキュリティ向上も目的であるならば、研修やeラーニングなどの仕組みで、目的やリスク、ルールを共有することもできたはずです。

また、複数のクラウドサービスの利用を想定するのであれば、それらが適切に運用されているかを一括管理するサービスの利用も検討事項に加えることも必要です。

クラウドサービス導入によるメリットとリスクを的確に評価し、メリットを最大化し、リスクを最小化する環境を用意することが、これからの経営者の責務になるのではないでしょうか。

Short Story

1-4

「働き方改革」でテレワーク導入もスマホの紛失。業績に打撃

サンシャイン電子は、自動車業界向けの電子部品を扱う商社だ。企業規模は約200人。自動車に搭載される電子部品が増えるのに比例して、業績も順調に伸びてきた。今後も事業の成長は見込めるものの、社長の中村敏満（仮名）は決して楽観視はしない。日本の多くの企業と同様に、人材不足という課題を抱えるからだ。その課題解決のため、中村は「多様な働き方」実現に向けて、さまざまな取り組みを進めてきた。

「取り組んできた方向性は間違ってなかったはずだ。だけど今回はどこで間違ったのか。まさか、スマホを使うかどうかの決定がこんなに大きな事態に発展するとは」

そのような最中、長く取り引きが続いている継続案件を失注したと、つい先ほど報告を受けたばかりだ。今後の業績予測は下方修正することになるだろう。

業績好調でも人手不足

ハイブリッドカーの普及やドライバーアシスト機能の充実など、車載機器のデジタル化の流れを受け、サンシャイン電子は業績を伸ばしてきた。電気自動車の普及や自動運転車の実用化で、今後も同社が業績を伸ばせる余地は大きい。

一方で抱える課題もある。その一つが人材不足だ。その解決のために中村は社長として、いろいろと手を打ってきた。まずは定年退職後の再雇用制度などの社内規定を整備して、顧客との関係が深い人材をつなぎ留めた。出産や育児を機に退職を選択せざるを得ない社員もいたため、産休や育休の規定も整えた。国を挙げて取り組む「多様な働き方を可能とするとともに、中間層の厚みを増しつつ、格差の固定化を回避し、成長と分配の好循環を実現する」という「働き方改革」を、先んじて取り組んだ感覚を中村は持った。

こうした取り組みで、ここ数年は何とか乗り切った。それでも、再雇用制度を利用した人材も、いつかは退職する。最近では、親の介護のために地元へ戻るという退職理由を聞くケースも増えてきた。

人材不足による業務負荷の増加も問題だ。人材を新たに採用しようにも、業務にマッチした人材は簡単に集まらない。既存顧客との取り引きが継続する中、新規顧客も増えて業績は伸びている。一方で業務負荷は高くなり、多くの社員が改善してほしいと思っていることは、半期に一度の社員との面談からも中村に伝わってきた。

「いろいろな制度を作って働き方改革に取り組んだけれど、もっと別のアプローチが必要かもしれない。とはいえ、うちの規模でどんなことができるだろう」

働き方改革を進めるテレワークを導入

解決のアイデアは意外にも社内から得られた。ある日の夕方、中村が打ち合わせに出掛けようとしたところ、ちょうど営業担当者が外出先から帰ってきた。話してみると、日報を書くためだけに戻ったのだという。「顧客は会社より自宅のほうが近かったので、家から日報を送れたら、往復で2時間節約できたのですが」とため息交じりの声が耳に残った。「会社に戻らないと日報も出せないのは確かに不便だ。直行、直帰できれば時間が有効に使える。そういえばニュースで『テレワークの推進』なんて話題を聞くな」

経営企画室でICT担当を兼任する社員に相談した。「テレワーク」とはICT機器や通信環境を活用して、場所や時間にとらわれない仕事の仕方だ。これにより柔軟な働き方が実現する。大きく分けて、自宅で仕事をする在宅勤務、外出先や移動中に仕事をするモバイルワーク、レンタルオフィスや共有オフィスを利用するサテライトオフィス勤務の三種類がある。在宅勤務とモバイルワークは、サンシャイン電子の課題解決にピッタリだ。

「今使っているデスクトップタイプのパソコンをノートパソコンに置き換えて、テレワークを導入するアイデアは悪くなさそうだ」

社員に貸与している携帯電話はフィーチャーフォン、いわゆるガラケーだがテザリングという機能がある。この機能を使えば、ノートパソコンをインターネットにも接続できる。

問題はトラブルがあったときだ。ノートパソコンだと外出先で置き忘れ

るかもしれない。盗難に遭う可能性もある。情報漏洩が起きたら大変だ。この懸念についてＩＣＴ担当から、パスワードでロックできること、パソコン内のデータや通信の暗号化もできること、機種によっては指紋認証機能が搭載され、セキュリティが強化されていることを聞いて安心した。

ノートパソコンの切り替えにかかるコストは、決して小さな投資額ではない。だが、働き方改革を進められるなら、と導入を決めた。

こうして始まったテレワークは、まずモバイルワークを皮切りに効果が上がった。営業担当は「書類づくりのために会社に戻らなくて済むので、効率的に働けるようになりました。自宅での仕事も増えたけれど、無駄な移動時間が減って逆にプライベートは充実します」と話す。

在宅勤務については、大型台風が直撃した際に効果を発揮した。その日は安全のために、在宅勤務としたのだ。後日「家で不安がる子どもと一緒にいられて安心して仕事ができた」という声を聞いた。中村はテレワークを導入して本当によかったと思った。

モバイルワークでスマートフォンも使いたい

サンシャイン電子のテレワークは、順調に効果を上げているように見えた。ところが、導入から数カ月が過ぎたころ、営業部門から不満が聞こえるようになった。会社が貸与するフィーチャーフォンよりも、プライベートで使い慣れたスマートフォンを使いたいというのだ。営業部の社員に聞いてみると、不満はこんな内容だった。

「ノートパソコンは広げなければいけないので、ちょっとした調べものでも座らなければ使えない。その際のテザリングも面倒。スマホなら電車で立っていても使えるので、もっと効率的に仕事ができるようになる」

不満の内容には中村も納得した。多様な働き方の実現が「働き方改革」の目的だから、できるならスマートフォンも貸与したい。だが、サンシャイン電子のテレワークは導入からまだ日が浅い。ノートパソコンへの入れ替えに、それなりの予算を割いたばかりだ。携帯電話をフィーチャーフォンからスマートフォンに切り替える予算までは捻出できない。

経営企画室のICT担当に相談すると、「BYOD」という方法を提案された。これは「Bring Your Own Device」の略で、私物のモバイルデバイス、今回の場合はスマートフォンを、ビジネスでも利用するものだ。中村はこれでよいと思ったが、ICT担当の説明の続きを聞いて悩んでしまった。

私物のスマートフォンとはいえ、仕事で使うからには、パスワードの設定や暗号化といった情報セキュリティ対策は不可欠だ。プライベートで使うSNSやメッセンジャーアプリから、誤って情報を流出させる可能性もある。スマートフォンでどんなWebサイトを見ているか、どんなアプリをインストールしているかを遠隔で管理するソリューションもある。ただし、導入にはコストがかかるし、管理する対象が私物なので反発も予想されそうだという。

結局、中村はスマートフォンの早期導入を断念。営業部門には、「スマートフォン導入の検討は続けるが、今期は難しい。もう少し我慢してほしい」と伝えた。

社員のスマートフォンが紛失した

ある日、中村が打ち合わせから戻ると、社内が騒がしい。事情を聞くと営業部の一人のスマートフォンが見つからないという。気の毒だがあくまで私物だ。自身で対応してもらうしかない。そう思っていた中村に驚きの事実が報告された。

その営業担当は、私物のスマートフォンを仕事で使っていた。仕事用のメールを送受信できるように設定し、電話帳には取引先が登録されていた。顧客からの要望や見積もり、さらに原価に至るまでメモアプリに書きためていた。私物のスマートフォン利用は許可していないが、当人は「今までもスマートフォンを仕事で利用していた。だからそのまま使っていた」のだという。

中村は唖然としたが、まずは情報漏洩の防止だ。なくしたスマートフォンの中には仕事用の情報も保存されていた。紛失なのか盗難なのかは分からない。パスワードは設定しているというが安心はできない。

調べてみると契約する通信会社では、遠隔操作で端末を初期化するサービス

を提供していた。このサービスを使うと、端末の中のデータはすべて消えるが背に腹は代えられない。その社員は泣く泣く通信会社のWebサイトから、初期化の手続きを行った。

この影響は思わぬところによくない形で表れた。スマートフォンをなくした営業担当は、継続案件の更新に向けた提案を控えていた。何度も先方と打ち合わせを重ね、「これなら受注できそうだ」という報告も受けていた。

スマートフォンのメモアプリには、その提案用のアイデアや顧客からの要望も書きためていたのだ。しかも、ノートパソコンにその後、いちいち書き写していなかった。記憶に残っているものもあるが、細かい数字は覚えておらず、一から作り直しとなってしまう。

何とか提案までに資料は間に合わせた。だが先方からは、伝えたはずの要望が漏れていたり、詳細な数字が示されず具体性に欠けていたりしていることを指摘された。プレゼンはさんざんな状態に。受注確実の予想から一転、他社に奪われてしまった。長く業績を下支えしてきた案件だけに、業績へのダメージは大きい。

「失った分を新規受注で補うとなると業務負荷は上がりそうだ。これでは本末転倒だ」

中村は、想像もしていなかった事態にため息しか出なかった。

1-4
解説

従業員の利便性も考慮したICT環境の構築

●テレワーク導入で効果を出すもスマートフォンは貸与できず

「働き方改革」とは、働く人がそれぞれの事情に応じた多様で柔軟な働き方を自分で選択できるようにするための取り組みです。その背景にあるのは生産年齢人口の減少です。現在企業では、一人当たりの労働生産性を上げるために、ICTの導入が積極的に取り組まれています。テレワークもその一つです。テレワークのメリットは生産性向上や移動時間の短縮などが挙げられますが、地震の発生や感染症の蔓延といった非常時における事業継続という観点でも多くの企業が重視するようになっています。

電子部品商社のサンシャイン電子で社長を務める中村は、働き方改革の一環としてテレワークを導入しました。在宅勤務や外出先でのモバイルワークなどを推奨するために、パソコンをノートタイプに入れ替え、少なからず予算を使いました。従業員からは時間を有効に使えるようになったと高く評価されました。

テレワークが活用されるにつれ、要望も出てきました。その一つが、スマートフォンの利用です。サンシャイン電子ではテレワーク導入前からガラケー（フィーチャーフォン）

を貸与していましたが、より多機能でノートパソコンより手軽に使えるスマートフォンを使いたいというものでした。

中村としてもスマートフォンのメリットを理解して前向きに検討しましたが、ノートパソコンに入れ替えたばかりで、スマートフォンまで入れ替える予算は捻出できません。私物スマートフォンの利用を認める「BYOD」も検討しましたが、ノートパソコンとは別に情報セキュリティ対策が必要なことから（パート2－7参照）、スマートフォンについては早期導入を断念し、継続検討とせざるを得ませんでした。

●会社が認めていないスマートフォンの利用で重要な情報を失う

順調に活用が進んでいると思われたサンシャイン電子のテレワークですが、突然のトラブルに見舞われます。ある営業担当が認められていないにもかかわらず、私物のスマートフォンを業務に利用していた上、そのスマートフォンを紛失したのです。

紛失したスマートフォンの中には、仕事用のメールや連絡先、顧客からの要望や見積もり、原価など、個人情報や機密情報が保存されていました。パスワードが設定してあったとしても、情報漏洩のリスクはなくなりません。結局、通信会社が提供しているサービスを利用して、遠隔操作で端末を初期化しました。

この処置によって情報漏洩のリスクはなくなりましたが、端末の中のデータも消去されてしまいました。それによって、保存されていた顧客への提案に向けた要望やアイデアなどの情報も消えてしまい、長く業績を下支えしてきた案件を失うことになったのです。

この営業担当が行っていたような、会社が認めていない、あるいは把握していないICTデバイスやICTサービスを利用することを「シャドーIT」と呼びます。スマートフォンやクラウドサービスなどの普及を受け、個人で利用できるデバイスやICTサービスのほうが、会社のICT環境よりも便利な場合も増えています。便利なものを使いたくなる気持ちは分かります。しかし、自社の資産である情報が、どこで、どのように利用されているかを把握できず、適切に管理できないのは情報セキュリティ上のリスクにほかなりません。

例えば、端末の紛失や盗難は情報漏洩につながります。端末そのものに脆弱性があれば、不正アクセスを受ける可能性もあります(パート2－7参照)。顧客とのやりとりに、チャットアプリやSNSのメッセージ機能を利用していた場合、相手を間違えて送信したり、SNSに投稿したりといった誤操作も想定されます。

クラウドサービスを利用していた場合、情報をクラウドサービス事業者のサーバーに保存する場合もありますが、アクセス方法やIDとパスワードの管理、クラウドサービス事業者の情報セキュリティへの取り組み内容によっては、クラウドサービスの利用そのものがリスクになります。

テレワークを実施する場合も、インターネットには社内のICT環境を介せず直接アクセスすることになります。社内からであればファイアウォールやウイルス対策ソフトなど、会社が導入している対策で守ることができます。一方、シャドーITでは、そうした対策の外側で情報がやりとりされることになります。

ここで挙げたリスクはあくまで一例でしかなく、シャドーITによって発生する情報セキュリティ上のリスクは尽きません。

●経営者として中村が取るべきだった行動

経営者は、ICT環境や情報セキュリティ対策を含め、自社の事業を遂行する上での優先順位を決め、バランスの取れた投資を決断しなければなりません。そのためには、自社の現状を把握する必要があります。例えば、シャドーITが発生する背景には、現在のICT環境が不便、あるいは情報セキュリティ対策が厳しくて業務に支障が出るといった理由があるかもしれません。そうした不満を放置することは、業務効率が低下したりシャドーITが蔓延したりすることにつながります。

中村は予算が確保できないことを理由にスマートフォンの早期導入を断念しましたが、例えば、既存システムを見直して利用頻度の低いシステムの廃止やクラウドへの移行を行っていたらどうでしょう。営業担当など外出先で業務を行うことが多い従業員だけでも、スマートフォンを貸与する予算を捻出できたかもしれません。あるいは、ノートパソコンへの入れ替えではなくスマートフォンの貸与のほうが、従業員のニーズにマッチした施策だったのかもしれません。

従業員が本当に必要としているものは何か、新しい仕組みを導入することで起こり得るリスクは何かを把握しないままでは、せっかくの投資が無駄になりかねません。まずは、現状把握が肝要です。

現状把握のポイントは、現地調査、ヒアリングによる組織、業務、ICT環境の調査、社内にはどのような情報資産があるか、すでにセキュリティ対策や業務効率化対策が取られているシステムや業務、情報の洗い出し、情報セキュリティに関する規程や管理文書の種類と内容の確認などが挙げられます。

こうした全社にまたがる自社の現状把握を行うには、経営者によるリーダーシップが欠かせません。情報セキュリティを含む企業の経営全般にわたる多様な要素に目を向け、従業員が働きやすい環境を構築することは、経営者にしか果たせない責務なのです。

Part 2
実践編Ⅰ

情報セキュリティ対策は経営課題

パート1のエピソード集で描かれた架空のショートストーリーは、どれも現実に起き得るリアルな状況を想定して作られています。情報セキュリティの問題はどのような形で企業を襲ってくるか分かりません。ショートストーリーに登場した社長たちのように、明日にも事件の矢面に立たされるかもしれないのです。そうならないためには、まず情報セキュリティに関する正しい知識を持つことが必要です。そこで本パートでは、経営者として知っておきたいサイバー攻撃、情報漏洩など、情報セキュリティに関するリスクの最新情報と、企業を守るために準備すべきことは何かについて解説していきます。

実践編Ⅰ

2-1

利便性と背中合わせの情報セキュリティの脅威

ICTが持つリスクへの心構えはあるか

ＩＣＴの導入目的といえば、経理や財務、生産管理など、「業務システムの導入」による生産性の向上、業務の効率化が決まり文句でした。それがここにきて、企業の業務システムとは違う、もっと身近な領域でもＩＣＴが活用されるようになっています。

例えば、家族経営の小規模農家がＩＣＴの導入で成功しています。厳密な水質管理が必要な葉物野菜の栽培では、夜中でもビニールハウスまでチェックに行かなければならず、ビニールハウスの数が増えるにつれて作業の負担は増えていきます。そこで、畑に水質センサーを設置して、異常があったときだけ知らせてくれる仕組みを取り入れました。導入後には「やっと夜に眠れる」「家事がちゃんとできるようになった」「家族旅行に行けた」といった感想が寄せられたそうです。

人が担ってきた作業を肩代わりし、生産性や効率性の向上につなげていく道具として、

ＩＣＴの活用領域はどんどん広がっています。

しかし、どんな道具にもリスクがあります。ＩＣＴの場合、少なからず情報セキュリティのリスクにさらされているものですが、その対策への意識は残念ながら高いとはいえません。

日経ＢＰコンサルティングが全国の企業・団体・官公庁などの従業員・職員を対象に行った『ＩＣＴ利用動向調査』（２０１９年10月実施）では、情報セキュリティ対策全般についての具体的な悩みを聞いた設問に対し、中小企業に所属する回答者からは「経営層に理解がない」「社員の協力を得られない」「情報セキュリティの経営層への参画、認識が少ない。そのため予算取得が難しい」といった回答が寄せられました。

また、内閣府が実施した『平成29年度 企業の事業継続及び防災の取組に関する実態調査』でも、想定しているリスクは何かという問いに、「地震」「火災・爆発」と回答した企業がそれぞれ92％と59・3％であったのに対し、ＩＣＴにまつわる「通信（インターネット・電話）の途絶」「外部委託先のサーバー・データセンター等情報システムの停止」と回答した企業は、それぞれ47・8％と27％にとどまっています。法人組織における情報セキュリティに関係する重大被害発生率は36・3％、年間平均被害総額は４年連続で２億円を超えている[*1]にもかかわらずです。

＊1 トレンドマイクロが2018年4月～2019年3月に実施した『法人組織におけるセキュリティ実態調査2019年版』より

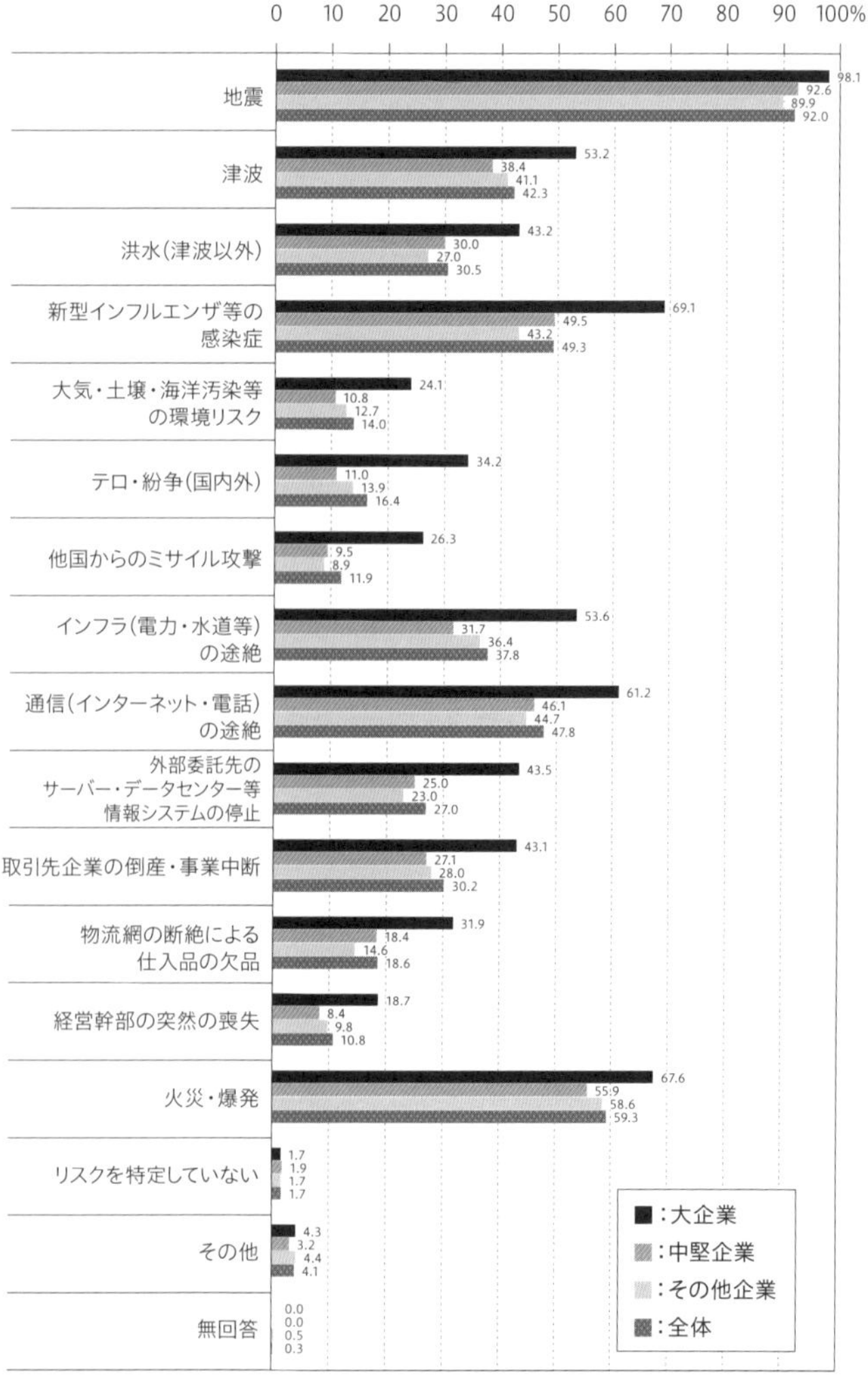

企業が想定しているリスク

出所：総務省『平成29年度 企業の事業継続及び防災の取組に関する実態調査』

「コスト」ではなく「投資」と考える

普段の生活で何か便利なものを買う場合、いろいろなことを気にするはずです。例えば、新車を購入する場合、新機能が搭載されていたら、「これは便利だ」と思うと同時に「本当にその機能を使いこなせるだろうか」「子どもが不用意に触ったら危なくないか」などと、いろいろ想像してから購入を決めるのは普通のことです。しかしICTを導入する場合はどうでしょうか。このごく普通なことを、企業も積極的に取り入れる。それが情報セキュリティ対策の取り組みに向けた第一歩となるのです。

ICTは便利な道具ですが、リスクもセットで考えるべきです。どのようなメリットとデメリットがあるのか。その両方を考えて導入し、利用のためのルールを作ります。メリットだけに目を奪われていては、情報漏洩や個人情報を流出させる事態を招きかねません。

しかしながら、「情報セキュリティ対策をガチガチに固めなければ、ICTは導入できない」と言っているわけではありません。薬にも効能と副作用があるように、ICTにもプラスとマイナスがあります。ICTを利用するのであれば、そのマイナスの一つである情報セキュリティに関するリスクを、許容できる範囲に収める対策を行った上で、利用すればよいのです。

これまで、企業経営においてＩＣＴ導入は「投資」、情報セキュリティ対策は「コスト」と捉えられがちでした。それは情報セキュリティ対策が「利益を生まない」と考えられていたためです。しかし、情報セキュリティリスクというデメリットがＩＣＴのメリットとセットである以上、情報セキュリティ対策も「コスト」ではなく「投資」だと考えるべきです。

情報セキュリティとＩＣＴの利便性のバランスを図るためには、時間、人材、予算、効果を総合的に検討して判断する必要があります。そして、その判断を最終的に下せるのは経営者だけです。つまり、ＩＣＴの導入とセットで考えるべき情報セキュリティ対策も「経営課題」なのです。

「モラル」「ルール」「仕組み」のバランスを保つ

情報セキュリティ対策は、「モラル」「ルール」「仕組み」の三つで成り立つと考えることができます。この三つのバランスを適切に保つことが大切です。

「モラル」とは、仕事以前に社会人として守るべき倫理です。情報セキュリティにおけるモラルとは、情報社会で健全に生きていく上で身に付けておくべき考え方や行動です。具体的には「許可なく他人の情報を漏洩しない」「会社の情報をSNSにアップしない」「特定の人物・団体に対してインターネット上で誹謗中傷をしない」「著作権を侵害しない」などが挙げられます。

こうした例を見ると「こんなことを守るのは社会人として当たり前じゃないか」と思うかもしれません。しかし、どのような倫理観や一般常識を持っているかは人それぞれです。講習会やeラーニングなどを通じて、同じ企業の従業員として最低限持っているべきモラルを共有したり教育したりする機会を作る必要があります。

「ルール」は、各種法令に加え就業規

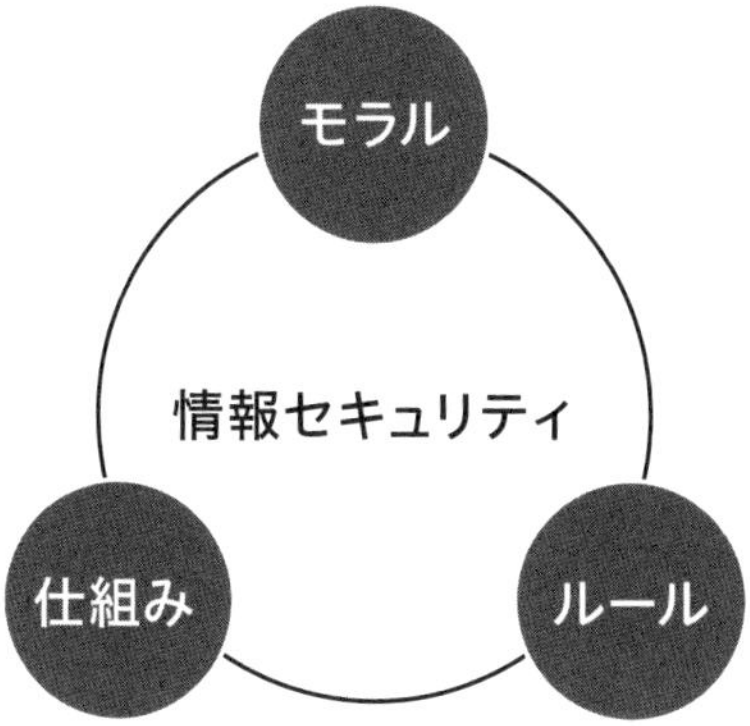

「情報セキュリティ対策」は「モラル」「ルール」「仕組み」で成り立つ

則など従業員各自が業務を行う上で守るべきものです。情報セキュリティ対策では「情報セキュリティポリシー」がそのルールに該当します。自分たちの企業にどのような情報があり、その情報を、誰が、どのように使うのかを決める。そして、それらの情報に万が一の事態が発生したら、情報の提供者や権利者にどんな迷惑をかけることになるかを明言しておく。いわば、企業が事業を進めていくために必要不可欠な決まり事です。情報セキュリティポリシーの策定については、パート3で詳しく触れます。

従業員にモラルやルールを徹底させるだけでは、従業員は疲弊してしまいます。そこで必要となるのが「仕組み」です。ここでいう仕組みとは、ICTツールを活用して情報セキュリティを守ることです。

例えば、慌ただしく仕事をしている従業員が、メールを誤送信したとします。その後の対策として、上司が「メールの誤送信に気を付けよう」と訴えたり、「メール送信時には必ず上司をCCに入れる」というルールを作ったりしたとしても、メールの誤送信はなくなりません。なぜなら、絶対にミスを犯さない人は存在しないからです。

人はミスをする。これを大前提にミスをフォローできる仕組みを導入し、従業員を守ることも経営者の務めではないでしょうか。例えば、メールの誤送信が多いのであれば、誤送信が発生しないようなメールシステムを仕組みとして導入すればよいのです。世の中には、メール送信者の上司が承認しない限りメール送信がされない機能や、メールの送信ボタンを押した後、一定の時間内であれば送信を取り消せる機能を備えたメール誤送信防止ソフトウェアが提供されています。

モラルとルール、仕組みがあって情報セキュリティはより強固なものになります。『ICT利用動向調査』では「個人のモラルに頼っている」「個人レベルで十分」「大けがをしないと運用、ルールを決めない」といった回答がありました。従業員の努力だけに頼るのではなく、ルールを定め、仕組みを導入し、従業員が安心して業務に取り組める環境を整えることが経営者には求められているのです。

求められる経営者のリーダーシップ

スマートフォンやクラウドサービスは、今や社会インフラの一つと言っても過言ではありません。また、IoT（Internet of Things／モノのインターネット）やRPA（Robotic Process Automation／ロボティック・プロセス・オートメーション）などの企業利用も急速に進んでいます。働き方改革の推進にも適切なICTの導入が求められています。企業におけるICTの活用領域は広がり続け、情報セキュリティ対策を取り巻く環境も日々変化しています。

しかしながら、そうした変化に、人材や予算などのリソースが限られた中小企業が自社だけで対応するには限界があります。正しい情報を収集し、ＩＣＴのメリットとリスクの両面を見ながら、適切な対策を行うには、ＩＣＴの専門家との緊密な連携がますます必要とされるでしょう。ただ、外部の専門家に具体的な対策の検討や導入を依頼するとしても、自社ならではの状況を踏まえて、まず何をするのか、誰に連絡するのか、誰に何を指示するのかなどのルールを経営者がリードして決める必要があります。

また、そうしたルールを従業員に周知徹底させるためには、訓練の実施が効果的です。「個人情報が入ったノートパソコンをなくしてしまいました。さあ、どうしますか」といったストーリーを仕立て、各自がどう行動するのか、どのような判断をするのかなどを疑似体験させるのです。

発想は避難訓練と同じです。避難訓練をしたからといって、火事が起きないわけではありません。しかし、どう避難すればよいのかを訓練を通して体験することはできます。現在のルールや仕組みの問題点や、正しく行動できない人がいるといった課題が明らかになることもあります。訓練をすることで、自分たちの現状が可視化されるわけです。

こうした訓練は、経営者であっても参加し、体験を共有してこそ意味があります。訓練に参加することで情報セキュリティ対策に関する知識が得られます。組織全体がどの程度の危機意識を持っているのかも実感できるでしょう。そして、情報セキュリティに関しても経営者自らが訓練に参加し、「旗を振る」姿を見せてこそ、情報セキュリティに対する危機意識が従業員に伝わるのです。

ＩＣＴの知識の有無にかかわらず、経営者は情報セキュリティ対策においてもリーダーシップを発揮すべきといえるでしょう。

これまで情報セキュリティ対策というと、他社で起こった事件や事故を教訓に学ぶ傾向がありました。確かにそうした事例も重要な情報ですが、情報セキュリティ対策は、もっと前向きで明るい経営課題として捉えることもできます。

企業の経営者は、従業員が本来の業務に安心して取り組める環境を作ったり、実効性の高い仕組みで仲間を守ったりといった情報セキュリティ対策の効果にもっと目を向けるべきです。ストレスなく仕事ができて、売り上げが上がり、従業員にとっても企業にとっても良好な環境を築く――。そんな視点で、情報セキュリティ対策を捉えてみるのもよいのではないでしょうか。

実践編Ⅰ

2-2

中小企業における情報セキュリティの実態

5割以上の企業がセキュリティの被害に

明確な悪意を持った犯罪者が、情報セキュリティ対策が万全とは言い難い中小企業を、サイバー攻撃のターゲットにしています。サイバー攻撃の被害数も年々増加傾向にあります。「情報セキュリティ対策が大切なのは分かるが、うちは攻撃を受けたこともないし、脅威の実感がない」という経営者も多いでしょう。しかし、会社でインターネットを利用していて攻撃を受けたことがないのは、単にこれまで「幸運」だっただけか、攻撃を受けていても「気付いていない」だけかもしれません。

では実際、企業ではどのような被害が発生するのでしょうか。

総務省の『平成30年通信利用動向調査』に、企業の情報通信ネットワークに対するセキュリティ被害と対応状況の調査結果が掲載されています。過去1年間の情報通信ネットワークの利用時に発生したセキュリティ被害では、「何らかの被害を受けた」は55・6％に上り、前年よりも約5ポイント増えています。被害の内容は、「ウイルスを発見または感染」（46・9%）が最も多く、「標的型メールの送付」（35・7%）、「スパムメールの中継利用・踏み台」（8・7%）、「不正アクセス」（4・1%）となっています。

この調査結果から分かるように、企業の半数以上は何らかの被害を受けています。インターネットには、悪意を持って企業や個人から情報を盗み出す機会を狙っている犯罪者がいるのです。経営者はサイバー攻撃を他人事ではなく、自社にも起こり得るリスクであると認識し、情報セキュリティ対策に取り組むべきでしょう。

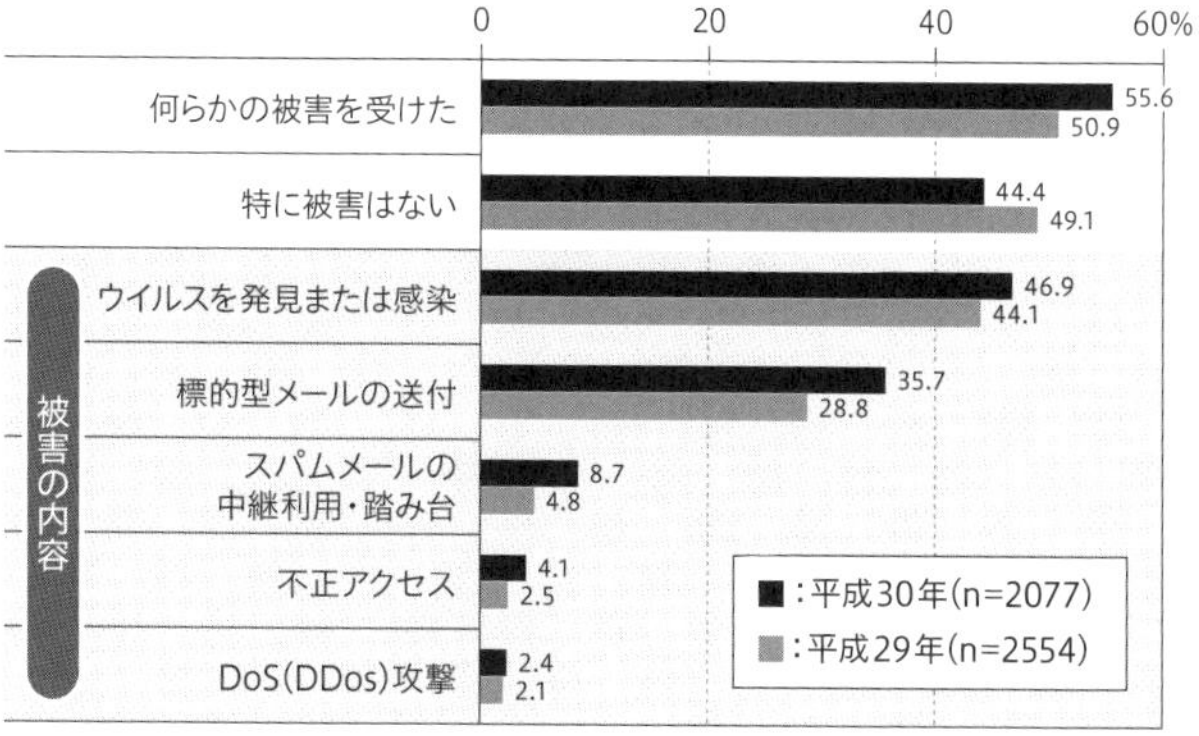

情報通信ネットワークの利用時に発生したセキュリティ被害の状況
出所：総務省『平成30年通信利用動向調査』

かくも不十分な中小企業の運用体制

中小企業が情報セキュリティ対策を実施する上で特に課題になるのが、不十分な運用体制です。ＩＰＡ（独立行政法人情報処理推進機構）が２０１６年度に実施した『中小企業における情報セキュリティ対策の実態調査』では、情報セキュリティ体制について、「組織的には行っていない（各自の対応）」が50・2％で最も多く、「兼務だが担当者が任命されている」は31・0％、「専門部署（担当者）がある」は7・4％にとどまっています。

企業規模別に見ると、「組織的には行っていない（各自の対応）」と回答した小規模企業は57・5％、１００人以下の企業では43・7％、１０１人以上の企業では25・8％と、企業規模が小さいほど情報セキュリティ体制が整っていないことが分かります。

一方、情報漏洩が発生した場合の対応については、「規定されている」が21・2％で「規定されていない」が68・7％でした。このアンケートも、企業の規模が小さいほど「規定されていない」という回答が多いのが特徴的です。

規模の小さな企業では、専任の情報セキュリティ担当者を設けることが難しく、ＩＣＴ担当と情報セキュリティ担当を兼務するようなケースが多いことが調査結果からも見て取れます。その結果、情報セキュリティに対する担当者の当事者意識は薄くなり、問題が起きたときの対応も後手に回りがちとなります。

情報セキュリティ対策には運用体制の整備が極めて重要です。中小企業では、運用にどれだけ注力できるかが課題となります。具体的な課題や対策については、パート2-6で解説します。

モバイルデバイスの利用にもルールは欠かせない

ノートパソコンやスマートフォン、タブレットといったモバイルデバイスを活用して、場所や時間にとらわれない柔軟な働き方を実現するテレワークの実践が、働き方改革の一環として進

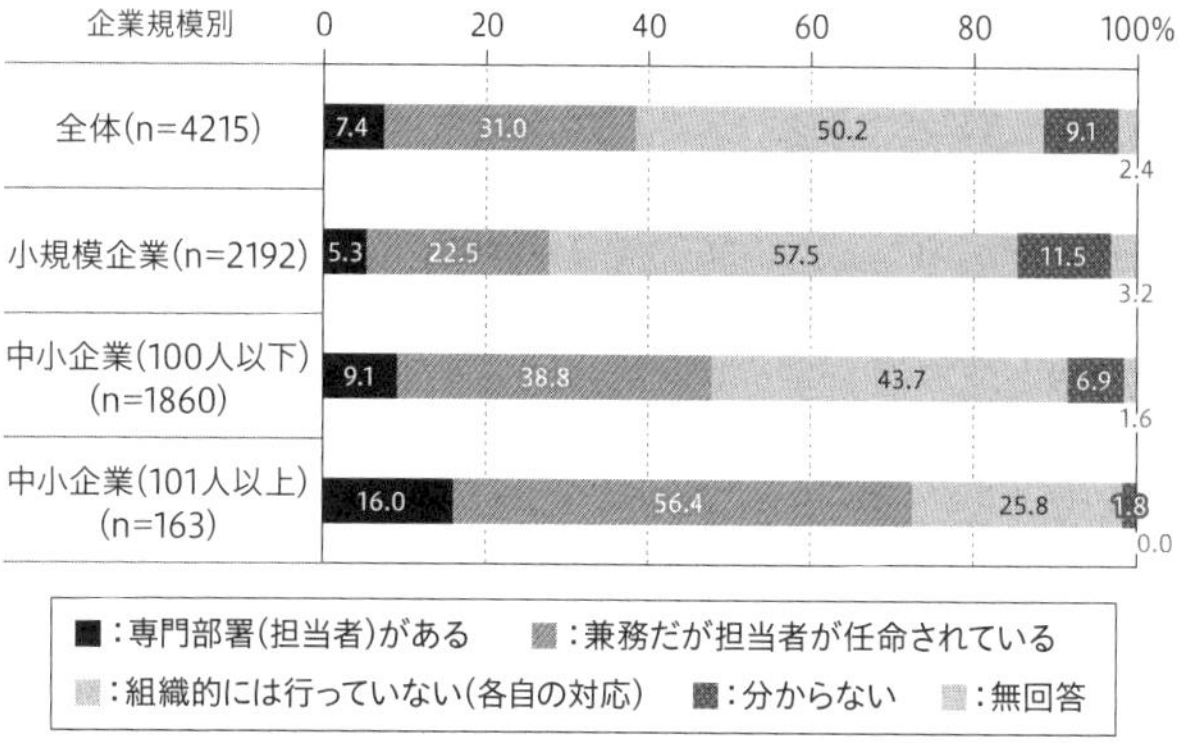

情報セキュリティに関する体制
出所：IPA『2016年度中小企業における情報セキュリティ対策の実態調査』

められています。ここでは中小企業におけるモバイルデバイスの利用状況について見ていきます。

日経BPコンサルティングの『ICT利用動向調査』では、中小企業に所属する回答者の53・3％が、「業務でモバイルデバイスを利用していない」と回答しています（複数回答可）。

外出する機会が多い営業担当者とは異なり、事務職などの内勤者はモバイルデバイスがなくても業務に支障はないのかもしれません。情報セキュリティの懸念からモバイルデバイスの利用や、機密情報の社外持ち出しを禁止している企業も少なくないでしょう。しかし、ICT環境は常に変化しています。5Gネットワークの普及やパソコンよりもスマートフォンやタブレット端末に慣れている世代の社会進出、柔軟な働き方の推進などを背景に、企業が整備するICT環境もモバイルデバイスの利用が前提になることが予想されます。

それではモバイルデバイスの利用を前提とした場合、どのようなリスクがあるのでしょうか。まず懸念されるのが「紛失・置き忘れ」です。従業員がスマートフォンに保存したメールや顧客・取引先の担当者名、連絡先などの情報が流出した場合、従業員に対する企業の監督責任は免れません。また、スマートフォン向けのアプリを介して情報漏洩などが発生する可能性もあります。従業員の操作ミスや不注意が原因の場合もあれば、最初から情報を盗み出すことを狙った悪意あるアプリもあります。

こうしたリスクに対応するには、モバイルデバイスの利用でもルールを定めることが重要です。「モバイルデバイスは必ずパスワードでロックをする」「会社が安全だと認めたアプリ以外インストールしない」といったルールの整備は必要です。仕組みとしては、遠隔操作でモバイルデバイスをロックしたり中のデータを削除したりできる「MDM（Mobile Device Management）」「MAM（Mobile Application Management）」「MCM（Mobile

	会社から貸与されたモバイルデバイスを利用している	会社に許可を得て個人所有のモバイルデバイスを利用している	会社の許可を得ていないが個人所有のモバイルデバイスを利用している	業務でモバイルデバイスを利用していない
全体 (n=1269)	29.6%	12.5%	8.7%	53.3%
従業員99人以下 (n=667)	24.0%	15.7%	9.6%	54.9%
従業員100～299人 (n=252)	29.4%	7.5%	9.1%	57.1%
従業員300～499人 (n=147)	44.2%	10.9%	4.8%	45.6%
従業員500～999人 (n=203)	37.4%	8.9%	8.4%	48.8%

モバイルデバイス（スマートフォン・タブレット）の業務利用状況
出所：日経BPコンサルティング『ICT利用動向調査』

Contents Management)」といったソリューションを導入するなど、従業員のミスをフォローすることも検討すべきでしょう。
モバイルデバイスを活用する目的は、業務効率化を図り、従業員の生産性を向上させることです。経営者には、従業員が安全・安心にモバイルデバイスを利用できる「モラル」「ルール」「仕組み」を整備することが求められます。

クラウドサービスは情報セキュリティ面が不安?

モバイルデバイスの利用とともに、企業の関心が高まっているのがクラウドサービスです。クラウドサービスの利用とは、サーバーやシステム、アプリケーションなどを自社で保有、運用管理するのではなく、クラウドサービス事業者と契約し、インターネットを介して提供されているサービスを業務で利用することを指します。

『ICT利用動向調査』では、業務でクラウドサービス(メール・ファイル共有・ファイル転送・オフィススイートなど)の利用についてアンケートを実施していますが、今や回答者全体では60%以上の企業でクラウドサービスが利用されています。一方で、中小企業の場合、「利用していない」または「利用しているかどうか分からない」という回答を合わせると約45％にも及びます。

クラウドサービスを利用しない理由の一つとして考えられるのは、情報セキュリティに対する不安です。同調査でも、クラウドサービスに対して、「クラウドサービスを利用したいが経営者に理解がなく許可が出ない」「クラウドサービスに対するセキュリティ上の不安から許可が出ない」「クラウドサービスを利用したいが全社的なガイドラインがなく、どの範囲まで適用できるか悩む」などの意見が見られます。

しかしながら、クラウドサービスを提供する事業者の多くは、情報セキュリティ対策はもちろん、システムの安定稼働やデータの保護、各サービスの

	会社が契約しているサービス	会社が利用を許可しているサービス	会社が利用を許可していないので利用していない	クラウドサービスに関するルールはないが利用している	クラウドサービスに関するルールがないため利用していない	クラウドサービスを利用しているかどうか分からない
全体(n=1269)	41.8%	10.4%	9.0%	9.0%	16.2%	19.3%
従業員99人以下(n=667)	31.5%	7.9%	9.0%	12.3%	23.4%	19.8%
従業員100～299人(n=252)	50.8%	10.7%	8.7%	7.5%	9.1%	19.8%
従業員300～499人(n=147)	52.4%	15.6%	12.2%	4.1%	6.8%	18.4%
従業員500～999人(n=203)	56.7%	14.3%	6.9%	3.4%	7.9%	17.7%

業務でのクラウドサービス（メール・ファイル共有・ファイル転送・オフィススイートなど）の利用状況
出所：日経BPコンサルティング『ICT利用動向調査』

機能強化などにもコストをかけています。そのため、自社でシステムの導入や運用管理を行うよりも、容易かつ低コストでセキュアなＩＣＴ環境の導入が期待できます。

クラウドサービス事業者を選定する一つの基準として、認証機関が定める情報セキュリティ認証があります。

代表的なものとしては、ISO/IEC 27017とＡＳＰ・ＳａａＳ（ＩｏＴクラウドサービス）情報開示認定制度があります。ISO/IEC 27017は、クラウドサービスに特化した情報セキュリティ管理策の国際規格で、認定機関は一般社団法人情報マネジメントシステム認定センターです。ＡＳＰ・ＳａａＳ（ＩｏＴクラウドサービス）情報開示認定制度は、総務省が公表したガイドライン・情報開示指針に則した「安全・信頼性の情報開示基準を満たしているサービス」を認定する制度で、特定非営利活動法人ＡＳＰ・ＳａａＳ・ＩｏＴクラウドコンソーシアムが認定機関です。

このような第三者認定を得ているかどうかを確認することで、一定の情報セキュリティの水準をクリアしたサービスや事業者を選定することができます。

今や効果的なクラウドの活用は、業務効率化や新しい価値創造を目指す企業にとって重要なターニングポイントとなっています。「クラウドは情報セキュリティが不安」という漠然とした理由で利用を許可しないままでは、企業の競争力が失われていく可能性があると認識したほうがよいでしょう。

情報セキュリティの落とし穴「シャドーIT」

会社が認めていない、あるいは把握していないところでICTサービスを利用することを「シャドーIT」と呼びます。

例えば、会社のメールアドレスに届くメールを無断でクラウド型のメールサービスに転送してスマートフォンで見られるようにすれば、どこにいても業務の連絡が受けられるだけでなく、返信も会社のアドレスから送っているように見せることもできます。また、クラウド型のメールサービスは、社内のパソコンからでもWebブラウザーから簡単にログインできます。パソコンにあらかじめインストールされているメールソフトよりも使い勝手がよければ、社内でも利用する従業員も出てくるでしょう。

日経BPコンサルティングの『ICT利用動向調査』では、中小企業の約1割の従業員がシャドーITの利用者であることを示唆する調査結果も出ています。シャドーITの大きな問題は、会社が従業員の業務でやりとりする情報を管理できないということです。

従業員からすれば、会社が提供するICT環境では不便、あるいは情報セキュリティ対策が厳しくて業務が滞るといった理由があるのかもしれません。だからといってルールが守られなければ、情報セキュリティを確保することはできません。

シャドーＩＴを防ぐには、まず自社のＩＣＴ環境の課題を把握し、従業員の意見も取り入れながら、生産性と情報セキュリティを両立できる対策を講じる必要があります。

実践編Ⅰ

2-3

経営者が認識すべきICTの活用に潜むリスク

「信用失墜」という大きな代償

日本では、どのくらいの情報セキュリティに関する事件や事故が起きているのでしょうか。「日本のセキュリティインシデントにより生じる1組織当たりの年間平均被害額」は、2億3890万円にもなると算出されています（2019年トレンドマイクロの調査）。

こうした調査はいくつかありますが、すべての企業が公表しているわけではないため、被害の実態はそれらの調査結果よりもはるかに大きいことが推測できます。

いわゆる情報セキュリティインシデントが発生した場合、企業は多大なコストを支払うことになります。被害者である消費者や取引先に対する慰謝料や賠償金、弁護士費用などの対策費が発生するだけでなく、システムの復旧や改修にも注力しなければならず、企業の存続そのものの危機になりかねません。

企業が支払う損害は、金銭的なものだけに限りません。長い時間をかけて築き上げた消費者や取引先からの社会的信用が、失墜する恐れもあります。企業の業績や株価、採用にも悪影響を与え、経営者は顧客のみならず、従業員や協力会社など、あらゆるステークホルダーから責任を追及されます。

自社で管理している情報には、顧客の情報も多く含まれており、流出した顧客データを犯罪者が悪用し、顧客に被害が及ぶ可能性もあります。ひとたび情報セキュリティインシデントが発生すれば、企業は金銭的な損害と、それに輪をかけるほどの規模で信用失墜というダメージを負うということを経営者は強く認識しなければなりません。

情報セキュリティインシデントを起

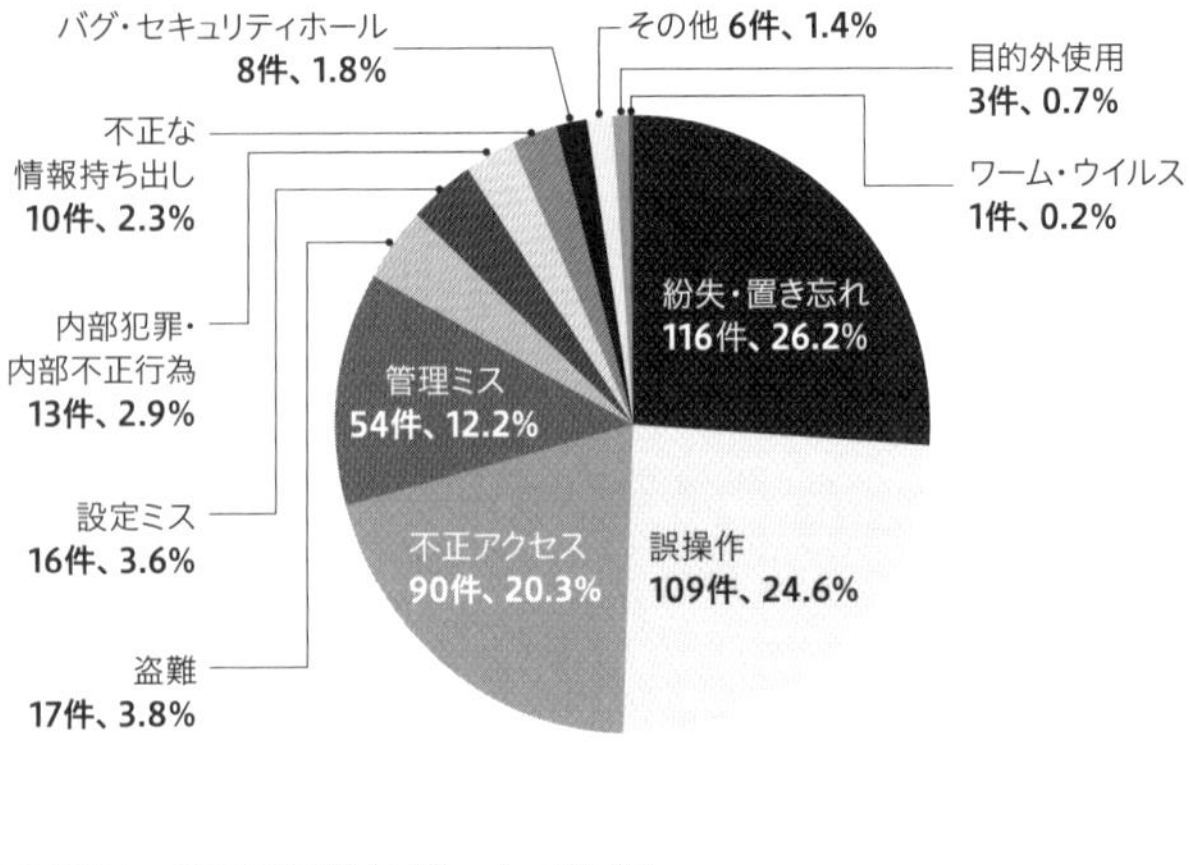

漏洩の原因：2018年単年データ（件数）

出所：特定非営利活動法人日本ネットワークセキュリティ協会『2018年 情報セキュリティインシデントに関する調査報告書』

こした企業と、安心して関係を継続する消費者や取引先はあるでしょうか。金庫に鍵のかかっていない銀行に、口座を開く人がいるかどうかを考えてみれば、答えは明らかです。そして、一度離れてしまった顧客を呼び戻すのは至難の業です。

情報セキュリティインシデントの発生は、長い時間をかけて築き上げた信用を一瞬にして企業から奪います。最悪の場合、事業の廃業、企業の倒産にまで至ることも考えられるのです。

無関心では済まされない法的責任

ICTの急激な進展に伴い、企業が守るべき法令にも大きな変革の動きが見られます。情報の適切な管理に関する法令などが制定された現在、管理の不備や不正行為があると見なされた企業は、法的責任に問われ、経営者や役員、担当者は処罰の対象になる可能性があるのです。

IPAの『中小企業の情報セキュリティ対策ガイドライン 第3版』でも、例として個人情報保護法やマイナンバー法、不正競争防止法、金融商品取引法、民法などを挙げ、経営者の法的責任と社会的責任について言及しています。情報管理が不適切な場合は、実態

法令	条項	処罰など
個人情報保護法 個人情報の保護に関する法律	40条 報告及び立入検査 83条 個人情報データベース等不正提供罪[※1] 84条 委員会[※2]からの命令に違反 85条 委員会への虚偽の報告など 87条 両罰規定	委員会による立入検査、帳簿書類等の物件検査及び質問 1年以下の懲役又は50万円以下の罰金 6月以下の懲役又は30万円以下の罰金 30万円以下の罰金 従業者等が業務に関し違反行為をした場合、法人に対しても罰金刑
マイナンバー法(番号法) 行政手続における特定の個人を識別するための番号の利用等に関する法律	48条 正当な理由なく特定個人情報ファイルを提供 49条 不正な利益を図る目的で、個人番号を提供又は盗用 50条 情報提供ネットワークシステムに関する秘密を漏えい又は盗用 51条 人を欺き、人に暴行を加え、人を脅迫し、又は、財物の窃取、施設への侵入、不正アクセス等により個人番号を取得 53条 委員会からの命令に違反 54条 委員会への虚偽の報告など 55条 偽りその他不正の手段により個人番号カード等を取得 57条 両罰規定	4年以下の懲役若しくは200万円以下の罰金又は併科 3年以下の懲役若しくは150万円以下の罰金又は併科 同上 3年以下の懲役又は150万円以下の罰金 2年以下の懲役又は50万円以下の罰金 1年以下の懲役又は50万円以下の罰金 6月以下の懲役又は50万円以下の罰金 従業者等が業務に関し違反行為をした場合、法人に対しても罰金刑
不正競争防止法 営業秘密・限定提供データに係る不正行為の防止など	3条 差止請求 4条 損害賠償請求 14条 信頼回復措置請求	利益を侵害された者からの侵害の停止又は予防の請求 利益を侵害した者は損害を賠償する責任 信用を害された者からの信用回復措置請求
金融商品取引法 インサイダー取引の規制など	197条の2 刑事罰 207条1項2号 両罰規定 198条の2 没収・追徴 175条 課徴金	5年以下の懲役若しくは500万円以下の罰金又はこれらの併科 従業者等が業務に関し違反行為をした場合、法人に対しても罰金刑 犯罪行為により得た財産の必要的没収・追徴 違反者の経済的利得相当額
民法	709条 不法行為による損害賠償	故意又は過失によって他人の権利又は法律上保護される利益を侵害した者は、これによって生じた損害を賠償する責任を負う

※1 **データベース等不正提供罪**　改正個人情報保護法で新設され、役員・従業者等が不正な利益を図る目的で個人情報データベース等を他者に提供等したり盗用した場合は処罰対象になります。

※2 **委員会**　個人情報保護委員会のこと。公正取引委員会と同様の高い独立性を有する機関です。

情報管理が不適切な場合の処罰など

出所：IPA『中小企業の情報セキュリティ対策ガイドライン 第3版』

に応じて懲役刑や罰金刑が科せられることもあるほか、損害賠償が発生する事態も考えられます。実際に情報漏洩を起こした企業へ損害賠償を求めた訴訟では、原告側の訴えを認める判決が出ています。

このように法律に違反してしまった場合、取引先や従業員、株主などのステークホルダーに対する責任も追及されるでしょう。法令を順守することは経営者の責務であり、知らなかったでは済まされないのです。

実践編Ⅰ

2-4

サイバー犯罪では中小企業も狙われる

サイバー犯罪は「おいしいビジネス」になっている

サイバー犯罪者の目的は情報を盗み出すことではなく、その情報を売ることによって得られる金銭です。犯罪者たちは「闇サイト」や「ダークWeb」と呼ばれる通常の方法ではアクセスできないWebサイト上で個人情報や機密情報などを売却したり、サイバー攻撃を請け負ったりすることで利益を得ています。

闇サイトでは、攻撃するために必要な情報も売られています。例えば、「攻撃用ソフトウェアの詰め合わせ」や「ある企業のメールアドレス一覧」などが販売されているのです（時には攻撃可能という意味で品質保証付きの情報が売られていることも……）。犯罪者は私たちが普段ECサイトで本や服などを購入するのと同じような手軽さで闇サイトにアクセスし、攻撃に必要な情報を調達しているのです。

このような手軽さもあって、サイバー犯罪は「おいしいビジネス」と化しています。ビジネスであるということは個人事業主のような者もいれば、企業のような犯罪組織も存在します。サイバー犯罪組織は、振り込め詐欺組織に元締めや受け子がいるように、分業して攻撃を実行しているといわれています。今や高度なICTの知識を持たない組織の末端の攻撃者でさえも、闇サイトで入手したツールさえあれば、スマートフォンのアプリを使うように簡単に攻撃することが可能な時代になっています。

なぜ、そのような時代になったのでしょうか。それは、私たちが得ているICTのメリットを、犯罪者たちも同様に享受しているからなのです。

サイバー攻撃は無差別に行われることも

サイバー攻撃には、特定の企業や組織を狙い撃ちにする「標的型攻撃」や、標的を定めない「無差別攻撃」などがあります。前者はパート2－5で詳述しますが、標的となる企業を攻撃するためには極めて多くの時間と労力を費やす必要があり、資金もかかります。一方の「無差別攻撃」は、いわゆる迷惑メールみたいなものです。不特定多数の企業に対して攻撃を仕掛け、仮にターゲットの100社に1社でも攻撃が成功すれば十分といえます。100社への攻撃はツールで自動的に実行することも可能なので、大したコストはかかりません。企業の経営者がROI（投資対効果）を考えるように、攻撃者もROIが高い手口を利用するのです。

2017年には、世界中で大規模な無差別攻撃が発生しました。Windowsのセキュリティ上の欠陥（脆弱性）を悪用した攻撃でした。OSのメーカーであるマイクロソフトは攻撃を未然に防ぐため、攻撃が発生する数カ月前に修正用プログラムを公開していました。修正用プログラムはマイクロソフトによる公開後、企業や個人でインストールして有効化する必要があります。この数カ月の間に修正用プログラムを有効化していなかった企業が餌食となってしまったのです。

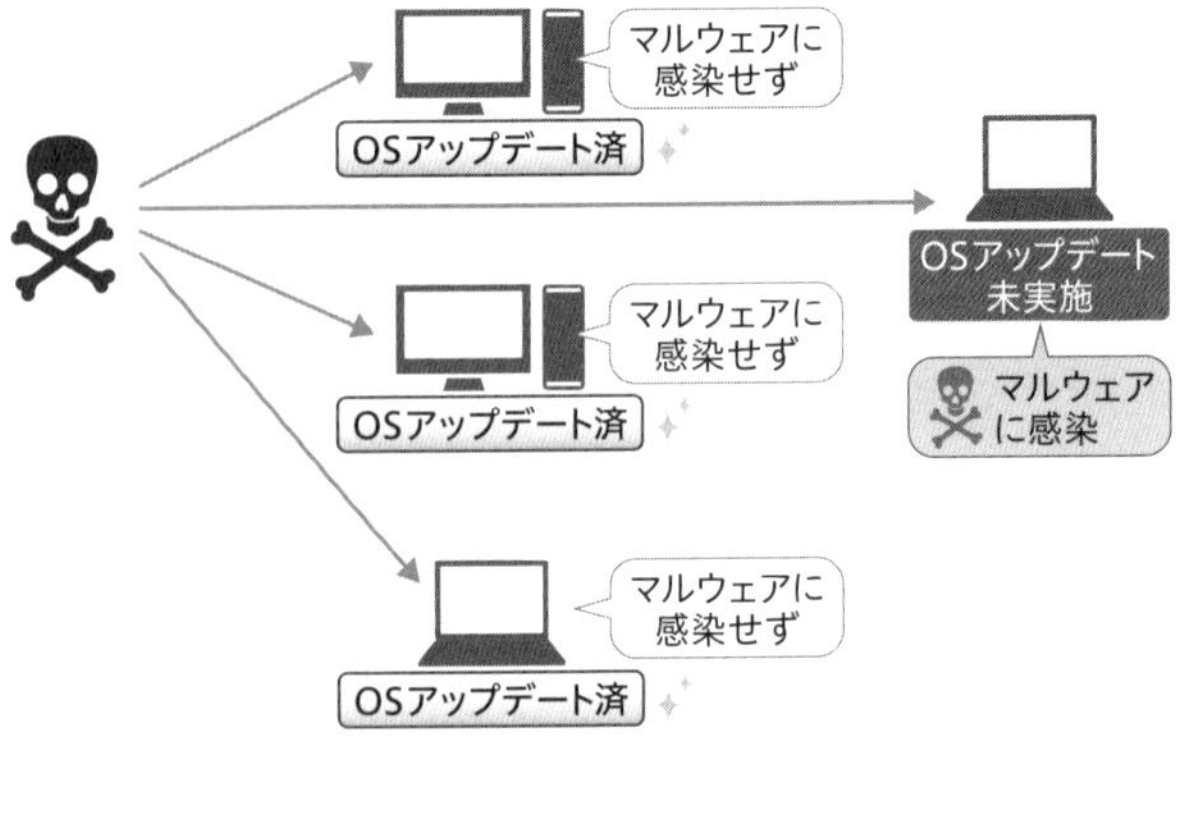

無差別攻撃は修正プログラムを適用していれば防げることが多い

こうした無差別攻撃は日ごろからアンテナを張って情報収集し、タイムリーにパソコンやシステムのセキュリティ面のメンテナンスができている企業にとっては、さほどの脅威ではありません。情報セキュリティ対策で最初にすべきことは、決して高度なことではなく、業務で使用しているパソコンやシステムの修正用プログラムの有効化を「確実に」「迅速に」行うというごく基本的なことなのです。

なぜ中小企業がサイバー攻撃で狙われるのか

「うちは大企業のように大量の顧客データも持っていないし、重要な技術情報も持ち合わせていないから、標的にされることはない」と考えている経営者も、少なからずいるでしょう。しかし、その考えは改めるべきです。

2013年、米国の大手量販店チェーンの社内ネットワークから、顧客のクレジットカード情報が大量に盗み出されました。捜査の結果分かったのは、同社のネットワークに直接侵入されたわけではないということでした。攻撃者は、まず同社が空調の管理を委託していた企業のネットワークに侵入し、そこを経由して目的の企業のシステムに到達したのです。

企業の経営者は、自社がサイバー攻撃の標的にされるだけでなく、自社が踏み台にされて取引先や消費者をも危険にさらすことになることを認識すべきです。

原材料や部品の調達から、製造、在庫管理、配送、販売、消費までの一連の流れを「サプライチェーン」と呼びます。その流れの中で情報セキュリティ対策が不十分な企業などを狙った「サプライチェーン攻撃」が、近年取り沙汰されています。中小企業は大手と比べて情報セキュリティ対策の予算や人員も少ないため、サプライチェーン攻撃の標的となりやすいのです。

サプライチェーン攻撃の対策として

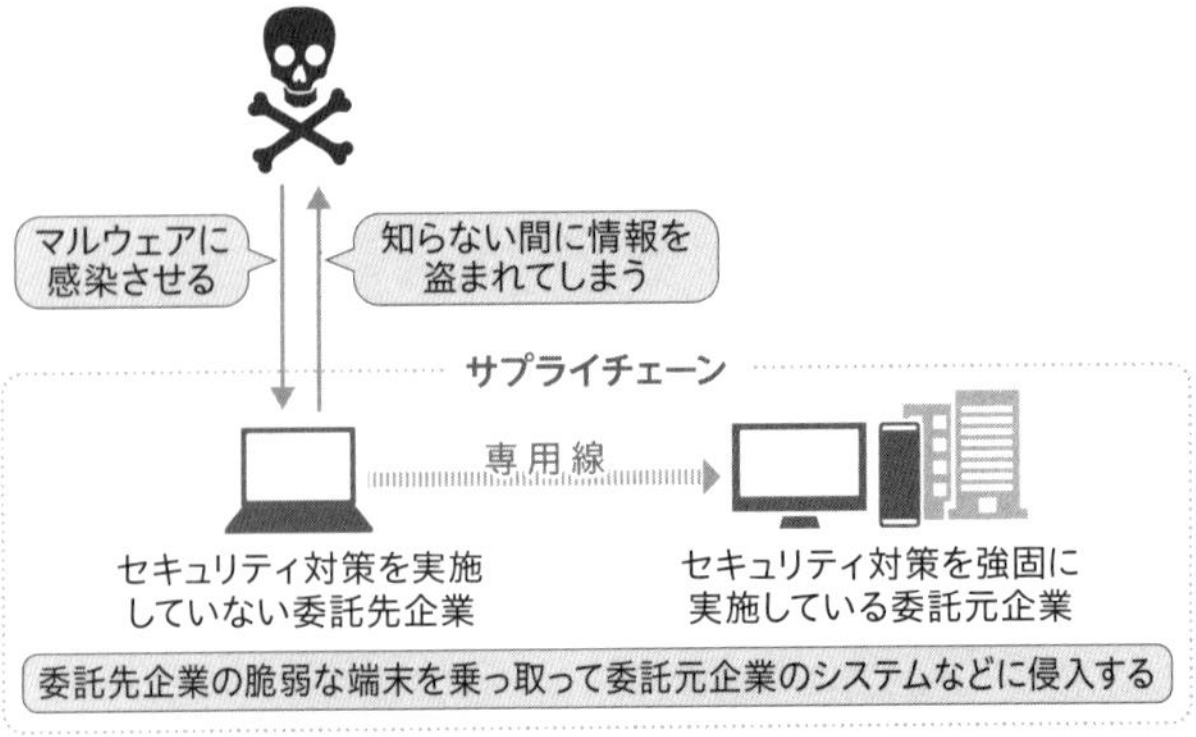

マルウェアに感染させる
知らない間に情報を盗まれてしまう
サプライチェーン
専用線
セキュリティ対策を実施していない委託先企業
セキュリティ対策を強固に実施している委託元企業
委託先企業の脆弱な端末を乗っ取って委託元企業のシステムなどに侵入する

サプライチェーン攻撃の模式図

は、自社だけでなくサプライチェーンの中の他社が攻撃を受けても、自社のデータを保護できる仕組みを考えておく必要があります。日ごろから信頼関係がある取引先でも、情報セキュリティ対策やデータの管理方法などに問題がないかを確認しておく必要があります。

また基本的な事項として、次のような情報の扱い方を取引先と確認しましょう。

・取引相手と「どのような情報をやりとりする必要があるのか」
・取引相手の社内で「誰が責任を持って情報を扱うのか」
・情報が漏洩した際の影響範囲
・情報が漏洩した際の体制
・情報をどのように守るのか
・情報セキュリティ対策の状況

情報セキュリティ対策の状況を確認するには、IPAが公表している『5分でできる！情報セキュリティ自社診断』が参考になります。重要情報の保管や廃棄、パスワード管理、取引先管理、事故対応などの項目が挙げられています。

また、取引先との契約書に「秘密保持」の項目を必ず明記する、別途「秘密保持契約書」

を締結するといった方法も有効です。そこに「情報漏洩が発生した際には直ちに通知すること」や、「再委託先で起きた情報漏洩に関する対応」などについても明記しておくとよいでしょう。

そのほかにも、情報漏洩のような問題が取引先や自社で起きた場合に、速やかに情報を報告し共有できる体制が構築されていれば、被害を最小限に食い止められる可能性があります。情報セキュリティに関するお互いの窓口を決め、いつでも連絡を取り合えるような体制を整えておくことが重要です。場合によっては正しく対策が講じられているか、委託先などを訪問して目視で確認するといった対応も必要です。

実践編Ⅰ

2-5

企業を脅かすさまざまな脅威

時間をかけて企業の情報を盗む「標的型攻撃メール」

モノとモノがインターネットでつながり、世の中が便利になる一方で、日々新たな脅威が生まれています。脅威とは情報セキュリティを脅かし、企業に損失を発生させる直接の原因となるもので、経営活動に必要な情報資産があれば、そこには必ず脅威が存在します。

脅威には機器の故障やネットワーク障害、ソフトウェアの不具合、マルウェア感染など技術・物理的な理由によるものと、意図的か偶発的かの違いはありますが、人に起因するものがあります。人に起因する脅威には、操作ミスやパソコンの紛失などが挙げられます。

2015年以降、大きな脅威になっているのが、特定の企業を狙い撃ちにした「標的型攻撃」と呼ばれる手口です。標的型攻撃の場合、犯罪者が狙うのはその企業が持っている特別な情報です。例えば大量のメールアドレスやクレジットカード番号を保有していたり、重要な設計データを持っていたりする企業、あるいは国や自治体などの公的な機関も標的になります。

標的型攻撃はその大半がメールによって行われるため、標的型攻撃メールとも呼ばれます。具体的な攻撃の手順を見ていきましょう。

まず、攻撃者は標的となる企業を綿密に調査します。調査は一般に公開されている標的企業の公式Ｗｅｂサイトや社員の個人的なＳＮＳ、闇サイトなどさまざまな情報源を当ります。こうして集めた情報を基に攻撃の糸口となる「攻撃メール」を作ります。この攻撃メールは添付ファイルを開封したり、Ｗｅｂサイトにアクセスさせたりすることでマルウェアに感染させることができるのです。

攻撃メールは標的企業の社員が興味を持ち、開いてくれそうな内容の件名や添付ファイル名を付けて送ります。例えば、公式Ｗｅｂサイトから役員の名前を調べ、社員同士がやりとりするＳＮＳから「うちの会社、給料が下がるらしい」といった情報を得た場合、闇サイトで購入した標的企業のメールアドレス宛てに役員の名前で【給与改定に関するお知らせ】と題されたメールを送るのです。この攻撃メールを社員の誰か一人でも開封することで、社員のパソコンがマルウェアに感染します。

マルウェア感染によって標的企業への侵入を果たした攻撃者は、次に目的の情報に近づくための行動を開始します。外部からの侵入を防ぐ対策が施されていても、内部の守りがそれほど堅くないシステムやネットワークであれば、マルウェアは社内のシステムを自由に動き回ることができます。そのため、時間をかけて目的の情報にアクセスするためのID・パスワードを不正に入手します。

最後に情報を盗み取って攻撃者の元に送信し、攻撃の痕跡を消し去ります。マルウェアの種類によっては、すぐに情報を盗み出そうとしない場合もあります。侵入してから数カ月以上じっと潜伏してから活動を開始するマルウェアも報告されています。その間、侵入を許した企業はそのことに気付かないまま、重要な情報を蓄積し続けるわけです。

企業側が行える標的型攻撃対策としては、これらの攻撃の「手順」を踏ませないようにすることです。そのためには、「入口」から「出口」までの対策を組み合わせた「多層防御」が効果的でしょう。例えば、入口対策ではウイルスを検知して感染を防ぎます。出口対策では、攻撃者がマルウェア感染によるシステムの不審な動きを検知して外部との通信を遮断し、機密情報の流出を防ぐといった対策があります。こうした複数の情報セキュリティ対策を組み合わせるのが効果的です。ただし、標的型攻撃メールではこれらの防御をすり抜ける場合があり、マルウェア感染を避けられない可能性も大いにあります。

パート2－7で詳述する標的型攻撃メール訓練も効果的です。標的型攻撃メールを疑似的に体験することで、脅威に対する社員教育が可能になります。

データの「身代金」を要求するランサムウェア

サイバー攻撃に利用されるマルウェアの中でも、近年被害が多くなっているのが「ランサムウェア」です。「ランサム（Ransom）」とは身代金のことです。２０１７年に流行したランサムウェアに、「ワナクライ（WannaCry）」と名付けられたものがあります。世界各国で被害が拡大し、日本でも多くの企業が感染しました。

ランサムウェアに感染するとパソコン内のファイルが暗号化されたり、パソコンがロックされ操作できなくなったりします。攻撃者はファイルの復元

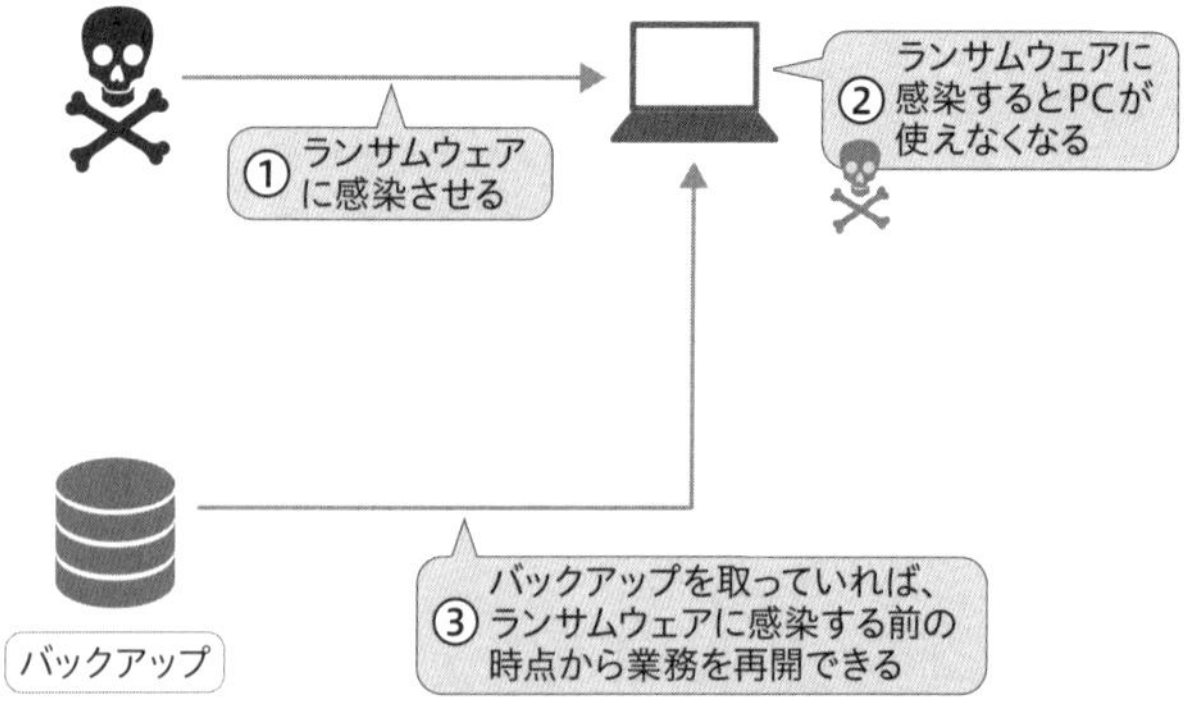

①ランサムウェアに感染させる
②ランサムウェアに感染するとPCが使えなくなる
バックアップ
③バックアップを取っていれば、ランサムウェアに感染する前の時点から業務を再開できる

ランサムウェア感染とバックアップによる復旧

やロック解除を名目に、「身代金」を要求するメッセージをパソコンの画面に表示します。さらに、攻撃者の要求に応じて身代金を支払ったとしても、ファイルやパソコンが無事に復元される保証はありません。

ランサムウェアは標的型攻撃メールのように情報を盗み出すのではなく、ファイルやパソコンが使えなくするものです。そのため、対策としては、ファイルやパソコンの設定情報などのデータのバックアップを日ごろから取っておくことが肝心です。万一暗号化されても自力で復元すれば、身代金要求に屈せずとも業務を続けることができます。

ランサムウェアは、攻撃者からメールが送付される手口のほか、Webサイトに不正な広告を載せ、その広告をクリックさせて感染させる手口もあります。そのため、日ごろから不用意にメールの添付ファイルを開いたり、不審なWebサイトのリンクをクリックしたりしないことが重要です。また、最も基本的な対応として、ウイルス対策ソフトやパソコンのOSを常に最新の状態に保つことが感染リスクを低減させます。

Webサイトへの攻撃はビジネスに重大な影響を及ぼす

攻撃者は、企業の業務システムやネットワークだけでなくWebサイトもターゲットにします。Ｗｅｂサイトは企業の業務システムとは異なり、世界中の誰でも、どこからでもアクセスできるため、攻撃者のターゲットにされやすいのです。

Ｗｅｂサイトを攻撃する目的には、次のようなものがあります。

・個人情報や機密情報の不正な入手
・Ｗｅｂサイトの改ざん
・サービスの妨害

個人情報や機密情報の不正な入手のために行われるのが、Ｗｅｂシステムの脆弱性への攻撃です。クラウドサービスやＥＣサイトなどのインターネットサービスは、複数のシステムの組み合わせで動いています。それらシステムの裏側には、情報を保存するデータベースがあります。データベースには、氏名、住所、電話番号、メールアドレス、クレジットカード番号など、極めて機密性の高い個人情報が登録されている場合があります。システムに脆弱性があれば、攻撃者はその脆弱性を突く攻撃で、登録されている個人情報を盗んでいきます。

Ｗｅｂサイトの改ざんは、以前は、世間を騒がせて快感を得たり、自分が持つ技術を誇示したりするために行われていましたが、現在は金銭や金銭価値のある情報を盗むために行われるようになりました。この手口では社内システムなどから直接情報を盗むのではなく、Webサイトを改ざんしてマルウェアを埋め込み、Webサイトを閲覧した人のパソコンなどに感染を拡大させた上で情報を盗みます。Webサイトの見た目は改ざんによって変わることはありませんから、年単位で気付かないケースもあります。Webサイトの利用者から申告を受けて、初めて改ざんが発覚するということも珍しくありません。

　サービスの妨害とは、訪問者がWebサイトを閲覧できなくなったり、

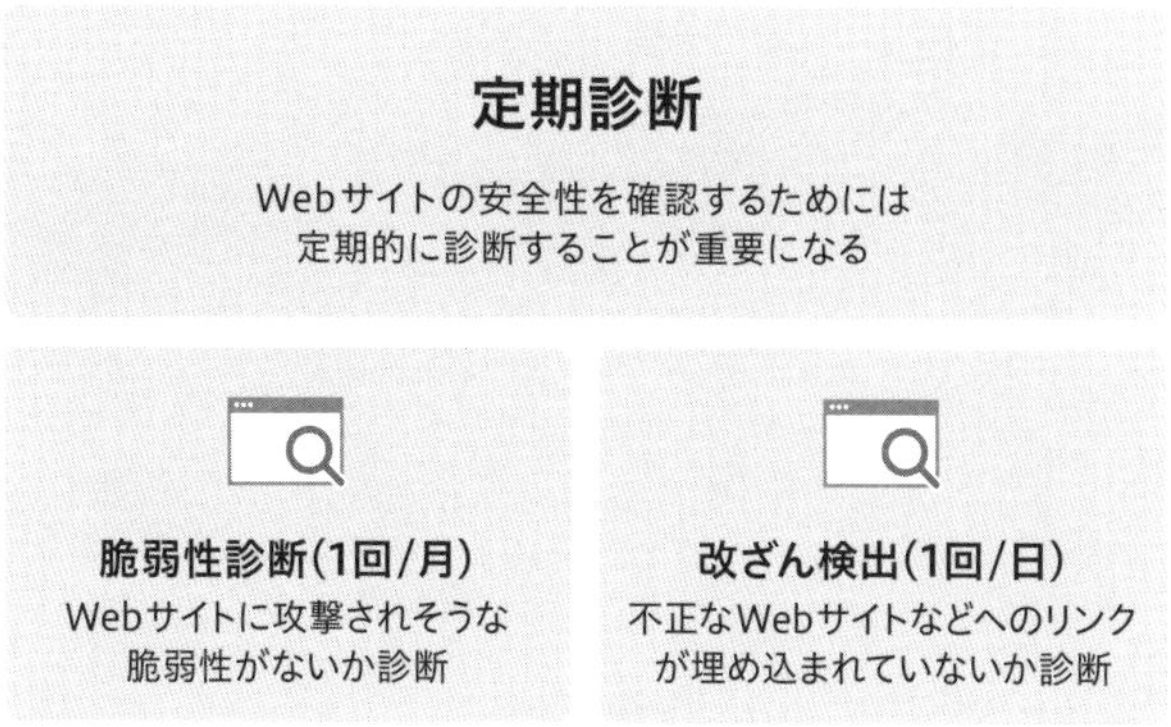
定期診断
Webサイトの安全性を確認するためには
定期的に診断することが重要になる
脆弱性診断(1回/月)
Webサイトに攻撃されそうな
脆弱性がないか診断
改ざん検出(1回/日)
不正なWebサイトなどへのリンク
が埋め込まれていないか診断

Webサイト診断サービスの例

表示が遅くなったりするような攻撃です。企業のＷｅｂサイトに大量のアクセスを集中させ、Ｗｅｂサイトに利用しているサーバーをダウンさせるＤＤｏＳ（Distributed Denial of Service／分散型サービス拒否）攻撃と呼ばれる手口が一般的です。攻撃元のコンピューターを世界各地に数百カ所規模で分散させているため、特定のコンピューターからの通信を遮断するという手段を取ることができず対策を困難にさせます。

こうしたＷｅｂサイトへのサイバー攻撃を防ぐには、外部の専門企業などと協力して異常なアクセスを監視するシステムを設ける、ソフトウェアを常に最新のバージョンに保つ、Ｗｅｂサイト管理者のＩＤ・パスワード管理を徹底するなどの対策があります。また、Ｗｅｂサイトの改ざんの有無や改ざんにつながる脆弱性がないかを診断する「Ｗｅｂ改ざん検知」「脆弱性診断」などのサービスを利用するのも一つの手段です。

攻撃者に狙われるパスワードの使い回し

標的型攻撃やランサムウェアなどのサイバー攻撃の被害を受ける要因の一つに、ＩＤ・パスワード管理の不備があります。

ＩＤ・パスワードは情報を守る手段ですが、サイバー攻撃を行う側から見れば、「ＩＤ・

パスワードさえ分かれば本人になりすますことができる」のです。本人になりすましてしまえば、社内ネットワークやシステムは「正規のアクセス」であると認識し、アクセス権限のある本人と同じ情報を入手することが可能です。もちろん、システム内のデータそのものも守るべき情報ですが、システムにログインするための情報も同様に守るべきなのです。

では、どうやって管理するのが適切なのでしょうか。ＩＤ・パスワードの管理を従業員個人に強いるのは「モラル」だけに頼った状態です。業務で使用するデバイスやシステムは一つではありません。忘れないようにとメモに書いたりパスワードを使い回したりしては、かえってＩＤ・パスワードの漏洩リスクを高めることになります。

この問題を解決する「仕組み」が「シングルサインオン（ＳＳＯ）」です。利用するシステムそれぞれのＩＤ・パスワードをＳＳＯシステムで一元管理することで、一度本人が認証を行えば各システムにログインする必要がなくなります。煩雑なＩＤ・パスワードの管理から解放されるだけでなく、漏洩リスクを低減することにもつながります。ＳＳＯであっても、パスワードは「英大文字・小文字＋数字＋記号の混在で10桁以上」と設定するなど、パスワード自体を解読困難にするための「ルール」も定めておくべきです。

また、より強固なセキュリティレベルが求められる場合には、ＩＤ・パスワードのほかに加えて別の認証情報を併用する「多要素認証」という「仕組み」があります。ここでいう要素とは「知識情報」「所持情報」「生体情報」のことを指します。「知識情報」は〝本人のみが知っている事柄〟の意であり、ＩＤ・パスワードがこれに相当します。「所持情報」は〝本人のみが持っているもの〟の意であり、ＩＣカードやスマートフォンへのワンタイムパスワード送信などが挙げられます。「生体情報」は〝本人の身体的特徴〟の意であり、指紋や静脈、虹彩などを用います。これらを組み合わせることでなりすましを防ぎます。

　しかし、当然ながら一つの要素のみ

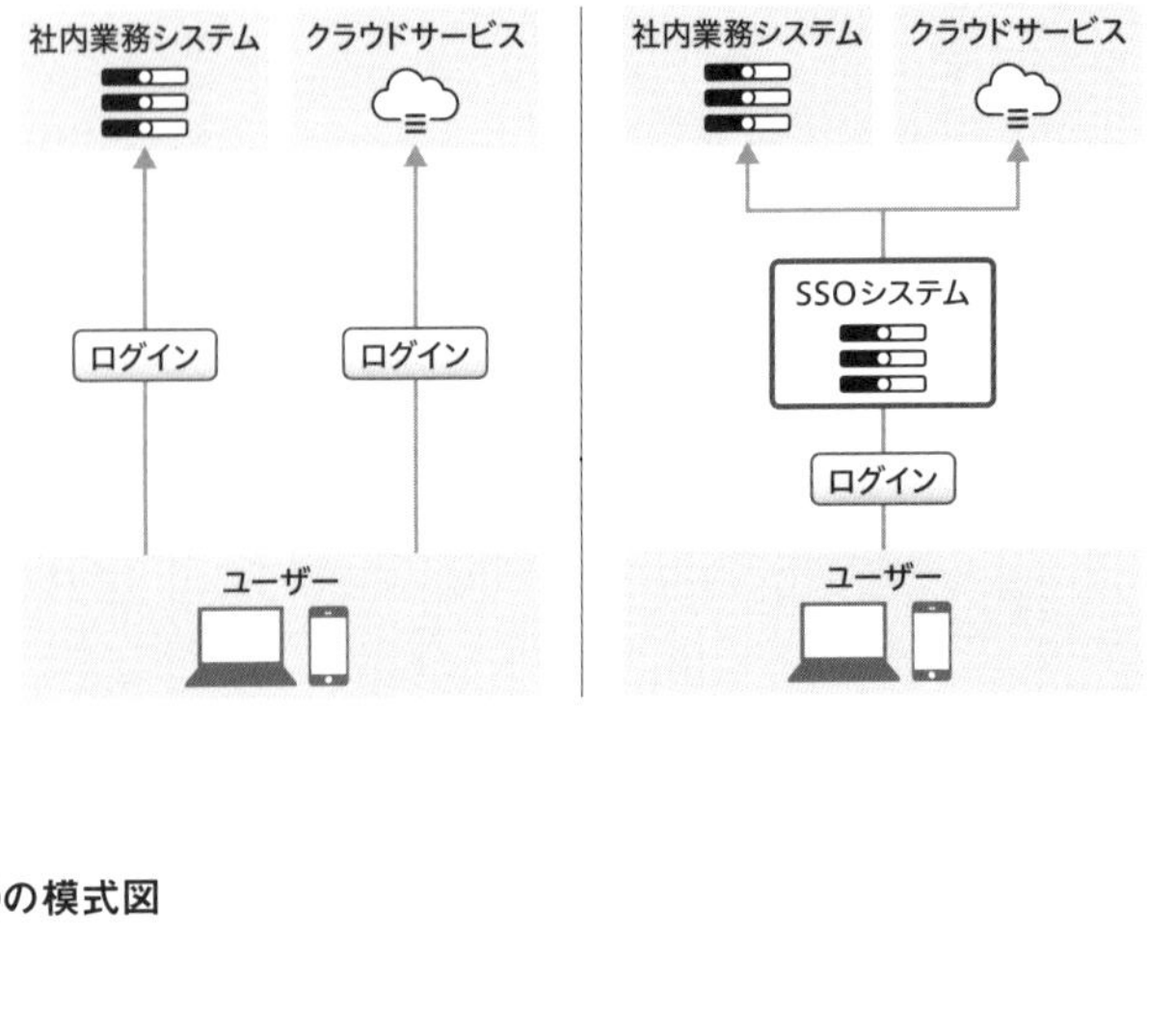

SSOの模式図

で認証する場合に比べて、「多要素認証」は費用がかかります。情報の重要度に応じてリスクとコストのバランスを考えた管理方法の選択が必要です。重要度の考え方はパート3－2で詳述しますが、「多要素認証」は顧客データベースや機密情報へアクセスできるシステムなど重要度が高い場合に用いられます。

故障や自然災害も脅威の一つ

ここまで攻撃者による脅威を解説してきましたが、そのほかにも情報セキュリティインシデントにつながる脅威があります。社内のシステムやネットワークを構成する機器が正常に作動しない「物理的脅威」です。

その一例が故障です。パソコンが故障したら、まったく仕事にならないという人も多いでしょう。パソコンが無事でも、経理や受発注などの業務システムが障害を起こしていたら、業務に支障を来します。また、それぞれの機器やシステムが正常であっても、ネットワークに障害が発生してアクセスできなくなったら事業に大きな影響を与えかねません。

また、地震や火災、台風による停電など自然災害が発生した場合に備えた対策も考えておかなければなりません。東日本大震災が発生した際、業務システムやデータの喪失により、長期にわたり事業を再開できない企業がありました。自然災害は頻繁に起きることではありませんが、一度起きると被害は甚大です。こうした故障や災害が発生することを想定し、いち早く業務を復旧できる体制を整えることも、経営者の責務です。

具体的な「仕組み」としてハードウェアに関しては、代替機や遠隔地にバックアップのシステムを用意しておくなどの対策があります。データについては、外付けハードディスクなどの記憶メディアを利用する方法もありますが、地震や洪水などの自然災害の場合はバックアップの記憶メディアも被害を受ける可能性があります。そこで、クラウドサービスのオンラインストレージなどを利用することで、データ喪失のリスクを軽減できます。

システムやネットワーク障害の発生は、少しでも早く気付くことが最も重要です。前述したハードウェアやデータに関する対策はもちろんのこと、「ルール」として障害発生時の体制整備、緊急時の連絡先、対応手順などを明確にしておく必要もあります。

実践編Ⅰ

2-6

情報セキュリティ対策のための仕組みづくり

情報資産を棚卸しして自社の強みを再確認する

情報セキュリティ対策の「仕組み」を作る上で、まず企業が行うべきことは、どんな情報を保有していて、それぞれがどのような価値があるのかを整理することです。つまり、棚卸しです。

例えば、一口に製品情報といっても、製品のデザインや機能に関わる重要な設計図面もあれば、梱包材や付属品の情報もあります。未発表の製品に関する企画書に価格や発売時期などが記載されていれば、それは外部には知られたくない重要な情報になるでしょう。どこの企業も予算は限られています。必要なところに適切に費用をかけるためにも、棚卸しは必須です。この場合、取引先と授受する情報についても漏れなく確認しましょう。

経済産業省は、こうした情報資産（営業情報や技術資産）を保護するための手引きとして『秘密情報の保護ハンドブック～企業価値向上に向けて～』を、２０１６年２月に公表しています。

具体的な対策も提示されています。秘密情報の物理的・技術的な漏洩対策としては、「秘密情報に近寄りにくくするための対策」（従業員のアクセス権の限定、入退室管理、秘密情報をネットワークから分離するなど）、「秘密情報の持ち出しを困難にする対策」（私物USBメモリーやスマートフォンの利用・持ち込み禁止など）が挙げられています。不正行為をさせないための心理的な抑止の対策としては、「漏洩が見つかりやすい環境づくり」（防犯カメラの設置、レイアウトの工夫など）、「秘密情報に対する認識向上」（マル秘表示、ルールの策定・周知など）といった対策を例示しています。

情報資産の棚卸しは企業活動の源泉を見直すことにもつながります。情報セキュリティ対策のためだけと捉えず、自社の強みを再確認する意味でもぜひ実施しましょう。

不足するICT人材

中小企業では、自社のICT環境を適切な状態に保つ人材の確保についても課題を抱えています。日経BPコンサルティングの『ICT利用動向調査』で「情報セキュリティ対策で具体的に困っていること」について尋ねたところ、「情報セキュリティに人材を割けない」「情報セキュリティ対策の範囲が広がっているのに対応できる人材が少ない」「情報セキュリティのルールはあるが運用する人がいない」「人手不足でスピード感を持った対応ができていない」など、情報セキュリティの人材不足に関する意見が多く見られました。

情報セキュリティ対策の強化が急務となる一方で、人材不足から専任のICT担当者を配置できない企業は多いでしょう。配置できたとしても、たった一人ですべての運用管理を担う「一人情シス」や、総務や経営企画といった部署の中で「パソコンにちょっと詳しい」従業員がICT担当を兼務する企業も少なくありません。

ICT環境を運用管理しながら、社内外から求められる新たなニーズへの対応策を検討・導入するだけでも、「一人情シス」や「兼務」という状態では「激務」となることは容易に想定できます。一方、サイバー攻撃の手口は複雑化・巧妙化しています。ICT環境だけで手一杯の担当者に、情報セキュリティ対策に関しても自ら情報収集し、サービスの選定や運用業務までも担わせるのは不可能と言っても過言ではないでしょう。

「一人情シス」状態を放置することは、ガバナンス面でも問題があります。例えば、担当者が長期療養を余儀なくされ出社できない期間に、情報セキュリティインシデントが起きたらどうなるでしょう。ほかにも、「一人情シス」状態の負担に耐えかねて退職してしまうことも考えられます。これは経営にとって、とてつもないリスクです。

こうしたリスクを低減するためには、ＩＣＴ環境や情報セキュリティ対策に関する運用業務のアウトソーシングも検討すべきでしょう。自社の担当者にはＩＣＴベンダーとの調整窓口としての役割を担ってもらい、業務負担を軽減するのです。その分、戦略的なＩＣＴ活用方法の検討に時間を割くといった情報システム担当が本来担うべき役割に注力できるのです。

限られたリソースを最大限生かすこと、これが経営者に求められる役目といえます。

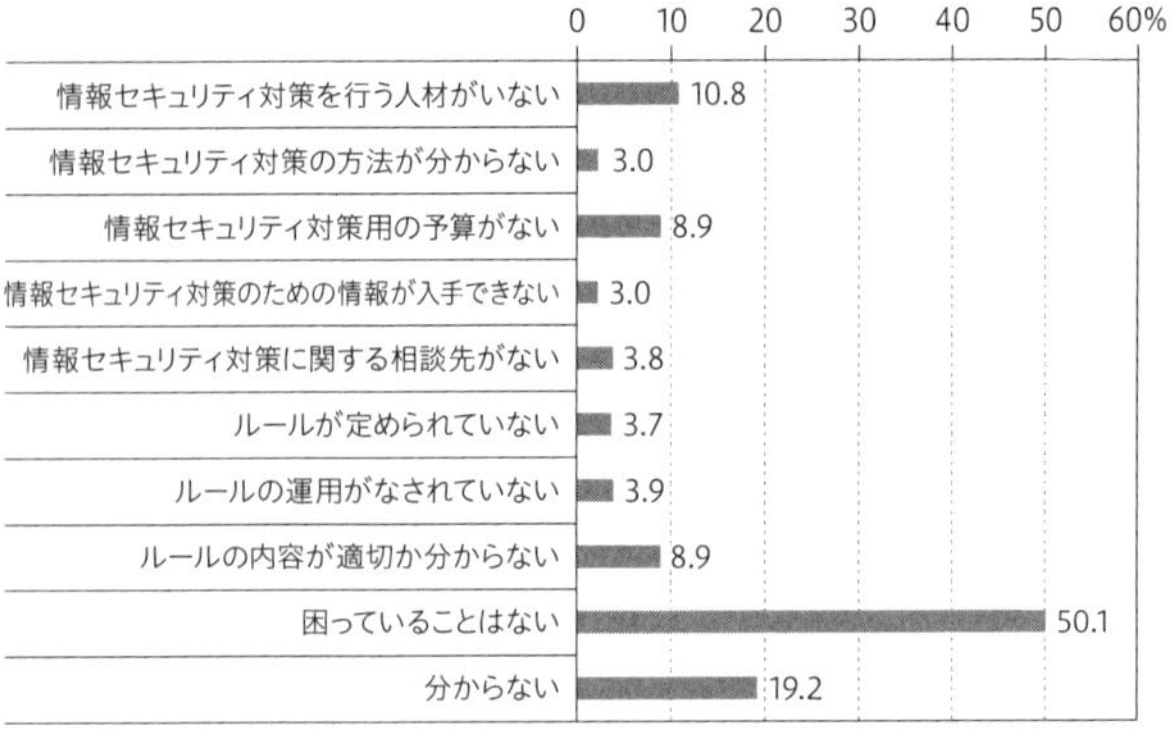

情報セキュリティ対策の困り事

出所：日経BPコンサルティング『ICT利用動向調査』

インシデントの発生を前提として投資を検討する

『ICT利用動向調査』では、ICT予算についての意見も多数寄せられています。具体的には「情報セキュリティよりも生産性の高い案件が優先される傾向がある」「コスト削減の中で、予算確保が難しい」「経営者が投資対効果を求めてくるので、説得に時間がかかる」「経営者の参画や認識が低く、予算獲得が難しい」などで、ICT予算に対する経営者の理解不足を訴える声が目立ちます。読者の中にも同じ考えを持っている方がいるのではないでしょうか。しかし、この考えは近視眼的と言わざるを得ません。

特定非営利活動法人日本ネットワークセキュリティ協会の『2018年 情報セキュリティインシデントに関する調査報告書』によれば、個人情報漏洩による一件当たりの平均想定損害賠償額は、6億3767万円と算出されています。これに加え、取引停止による売り上げの減少や株価の低下などが発生することを考慮すると、その金銭的損失は計り知れません。つまり、目先の業務対応や利益ばかりを優先して情報セキュリティ対策を怠ると、対策を実施していた場合よりも何倍もの費用が発生する可能性があるのです。

利益を生む案件に対しては「投資によってどの程度利益が得られるのか」を必ず算出し、投資の是非を判断するはずです。情報セキュリティ対策の予算化を検討する際には、金銭的損失額の算出がそれに相当します。まずは自社で情報セキュリティインシデントが発生することを前提として、金銭的損失の大きさをシミュレーションしましょう。その上で、ほかの案件と比べて投資に値するかいま一度見直してください。

「投資は必要だが、どうしても自社の予算に余裕がない」という場合には、公共団体などが給付している補助金に頼る方法もあります。また、体制の整備や情報資産の棚卸しなど多額の費用をかけずに実施できる対策もあります。

経営者は「予算がない」「人材不足」と諦める前に、現状を把握しできることから始めましょう。

従業員に過度の負担をかけない仕組みづくり

情報セキュリティ対策における経営者の役目の一つは、従業員に過度に負担をかけず、安心して働ける「仕組み」を作ることにあります。『ICT利用動向調査』の中には「情報セキュリティを強化したら業務がしづらくなった、効率が落ちた、不便になった」といった意見もありました。これは、なぜ厳しくしているのかの理解が従業員に浸透していない、つまり情報セキュリティポリシーの不徹底によるものもあれば、専任担当者の不在や業務への無理解によって、とにかく「ルール」を厳しくしてリスクを抑え込むといった方針の結果です。

例えば、パート2－1でも触れたメールの誤送信は、情報流出などの情報セキュリティインシデントにつながりやすい例です。本人の「モラル」だけに頼った運用や、メール送信に関する「ルール」を厳しくするだけで乗り切ろうとするのは間違いです。こうしたミスによるリスクを防ぐには、「モラル」の啓発や「ルール」の周知徹底に加え、ミスが起こることを前提とした「仕組み」づくりが必要です。前述したとおり、メールの送信であれば、送信メールを一定の時間保留し、上司が内容を確認後送信する機能を備えたメールシステムを導入するなど、ICTを活用して従業員のミスを未然に防ぐ「仕組み」を導入することも可能です。

メールに限らず社内の業務システムでは、さまざまな情報がやりとりされています。どのような業務や操作で、どのようなミスが起こりやすいのかを把握し、ミスを防いだりフォローしたりする「仕組み」があれば、従業員もストレスなく業務が行えます。

繰り返しになりますが、ICTの活用は業務効率化や生産性向上が目的です。不必要に情報セキュリティに関する「ルール」を厳しくして、業務効率や生産性が低下するようでは本末転倒です。

従業員に対する情報セキュリティに関する「ルール」を守るように納得できる説明と、従業員の不満を解消し、安心してＩＣＴを活用できる職場環境を作ることも、経営者の責務といえるでしょう。

実践編Ⅰ

2-7

サイバー攻撃に対する「弱点」を減らす仕組みづくり

サイバー攻撃は企業のどこを狙うのか

攻撃者の姿が見えず、どこにいるかも分からないサイバー攻撃。それでも企業が保有する情報が狙われる以上、攻撃を受けるポイントがあるのは確かです。このポイントを知ることで対策の方法が見えてきます。

一つ目は「システムや機器の脆弱性」です。システムや機器は残念ながら、常時完璧なわけではありません。製品やサービスが発売された後に不具合が見つかる場合もあり、その中にはサイバー攻撃の標的となる「脆弱性」も含まれます。

この脆弱性を解消するため、各メーカーは「セキュリティアップデート」や「セキュリティパッチ」と呼ばれる情報セキュリティ対策用の修正プログラムを提供していることは前述のとおりです。修正プログラムの反映作業を怠ったパソコンやサーバーは、いつサイバー攻撃の標的となってもおかしくありません。ビジネスで利用するパソコンやサーバーには、すべての修正プログラムが反映された状態が求められます。

二つ目は、「ゲートウェイ」と呼ばれるインターネットの出入口です。企業のシステムや機器が接続されるネットワークは、基本的に社内のネットワークと社外のインターネットに分けられます。この二つのネットワークをつなぐ出入口となるのが「ゲートウェイ」です。ゲートウェイには、インターネットに接続するルーターと呼ばれる機器が置かれ、この機器を経由してWebサイトの閲覧やメールの送受信、ファイルのダウンロードなどが行われます。サイバー攻撃も、このゲートウェイを通じて行われるのです。このゲートウェイ経由のサイバー攻撃を防ぐことを「ゲートウェイセキュリティ」、または「ネットワークセキュリティ」と呼びます。

三つ目は、社員が利用するパソコンやスマートフォン、タブレット端末、サーバーなどです。ネットワークの「末端」につながることから、情報セキュリティ対策ではこれらを「エンドポイント」と呼びます。ノートパソコンの紛失や盗難、USBメモリーを介したマルウェアの感染、スマートフォン内の情報を盗む不正なアプリなど、エンドポイントはさまざまな脅威にさらされています。情報のやりとりだけでなく、その情報を保存・利用する端末にも情報セキュリティ対策が必要なのです。こうしたエンドポイントでの情報セキュリティを確保することを、「エンドポイントセキュリティ」と呼びます。

四つ目は、ビジネスでの利用が進む「クラウドサービス」です。前述のとおり、クラウドサービス事業者はコストをかけて情報セキュリティ対策を実施していますが、利用者側が誤った使い方をしていては意味がありません。

サイバー攻撃を受ける「四つのポイント」
・システムの脆弱性
・ゲートウェイ（インターネットの出入口）
・エンドポイント（各端末）
・クラウドサービス

ではそれぞれのポイントで具体的にどのような情報セキュリティ対策が求められるのでしょうか。次の項目から見ていきます。

攻撃者はシステムの「弱点」を突いてくる

先にも触れたとおり、システムや機器は完璧ではなく、攻撃者は脆弱性と呼ばれる弱点を突いてきます。

IPAの『セキュリティ担当者のための脆弱性対応ガイド 第3版第2刷』では、「運用段階における対策実施」として、「組織のソフトウェア構成や変更の状況を管理すること」「脆弱性情報を収集すること」「脆弱性検査を行うこと」「修正プログラム（パッチ）を適用すること」を挙げています。

シンプルなことのように思いますが、これらの対策を確実に行うのは容易ではありません。例えば、全社メールで修正プログラムの適用を告知しても、全員がすぐに適用するとは限りません。

また、利用しているシステムやアプリケーションなどのサポート期間についても注意が必要です。例えば、パソコンのOSのサポートが終了すると、セキュリティ更新プログラムの提供も終了します。2014年4月にWindows XPの延長サポートが終了した際には、使い続けていた企業や組織が対応に追われました。近年では、Windows 7の製品サポートが2020年1月に終了しています。

サポートが終了してもパソコンを使うこと自体はできますが、新たに登場したウイルスなどに対応できず、情報セキュリティリスクが大幅に高まります。「Windows 7の無料セキュリティ強化ソフト」といった偽の情報にだまされ、不正なソフトウェアに感染する恐れもあります。そうした事態を避けるためにも、システムやアプリケーションの製品サポート終了前に、サポートが継続しているバージョンに更新することが必要です。

その一方で、ICT担当者が社内で利用しているICT環境のすべてを把握し、最新の状態を保ち続けるのは相当な作業負荷がかかります。そこで、脆弱性対策の実効性を上げるツールが提供されています。

例えば、パソコンやサーバーのOSやアプリケーションのバージョンや脆弱性については、それらをチェックするプログラムがあります。後述のエンドポイントセキュリティで取り上げる、ICT機器の「資産管理」のソリューションの中には、OSやアプリケーションのバージョンの情報を収集して一元管理したり、一括で修正プログラムの適用を行ったりする機能を搭載したものもあります。そうした「仕組み」の導入で業務負荷は減少します。それでも負担が大きくなる場合は、適切なスキルを持った外部の専門企業に委託することも含めて対応策を検討すべきです。

インターネットの「出入口」で脅威から守る

標的型攻撃などで送られてくるマルウェアが仕込まれたメールや、不正アクセスなどのサイバー攻撃も、社内のネットワークと社外のインターネットの出入口となる「ゲートウェイ」を通って侵入してきます。また、外部からの攻撃でなくても、社内から怪しげなWebサイトにアクセスしてマルウェアに感染したり、不正なプログラムをダウンロードしたりしてしまう行為も、ゲートウェイでの監視が可能です。インターネット利用を可能な限り妨げず、サイバー攻撃の脅威を軽減するのがゲートウェイセキュリティです。

代表的な対策の一つが「ファイアウォール」です。これは、ゲートウェイ経由でやりとりしようとするデータの情報や、あらかじめ許可されたシス

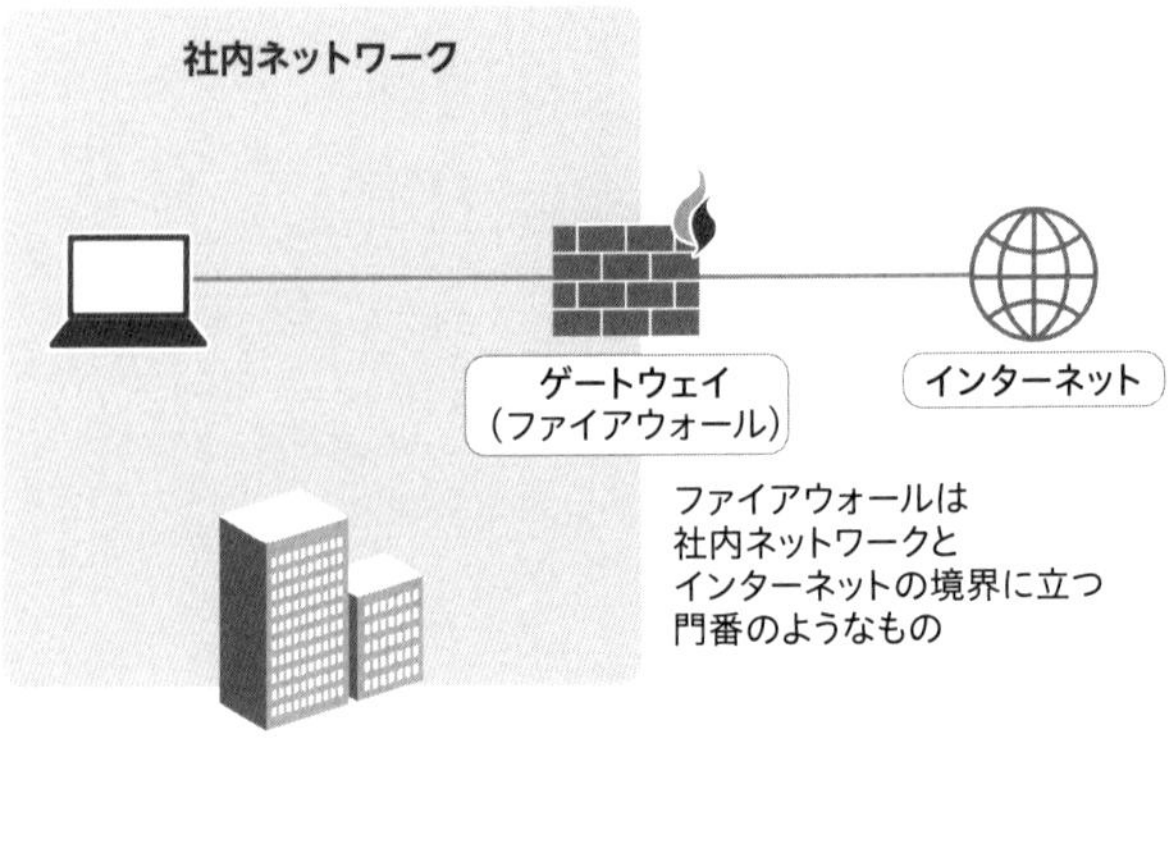

社内ネットワーク
ゲートウェイ
（ファイアウォール）
インターネット
ファイアウォールは
社内ネットワークと
インターネットの境界に立つ
門番のようなもの

ゲートウェイとファイアウォール

テムの情報から、不正なアクセスかどうかを判別し、不正だと判別した通信を遮断します。ファイアウォールとは「防火壁」の意味で、まさに企業を守る壁の役割を担います。

ゲートウェイセキュリティは、ファイアウォールだけでは万全といえません。例えばメールの送受信そのものや、Webサイトへのアクセスは不正なアクセスではありません。当然ながら、ファイアウォールでは遮断されません。つまり迷惑メールは、ファイアウォールをすり抜けます。

迷惑メールの中には、企業のキャンペーンを装って攻撃者が用意したWebサイトに誘導するものもあります。アクセスしたWebサイトでIDやパスワード、氏名、住所、職業、クレジットカード情報などを入力させ、個人情報などを奪います。「フィッシング詐欺」と呼ばれる手口です。

こうした脅威に対する防御策としてICTベンダーから提供されているのが、メールの内容や添付ファイルから迷惑メールやウイルスを判別して排除する「迷惑メール対策」や「ウイルス対策」サービスです。業務上アクセスする必要がないWebサイトへのアクセスを制限する「URLフィルタリング」や「Webフィルタリング」と呼ばれるソリューションもあります。こうしたソリューションには、複数の機能を組み合わせたタイプがあり、自社でソリューションを導入するタイプに加え、クラウドサービスとしても提供されています。

ファイアウォールやウイルス対策、URLフィルタリングなどの情報セキュリティ機能を一つにまとめた、UTM（統合脅威管理）と呼ばれる機器も提供されています。空港で例えると、乗客が本人であり搭乗券を持っているかを確認する搭乗手続き（チェックイン）の役割を、ネットワーク環境で担うのがファイアウォールです。一方のUTMは、飛行機に持ち込む手荷物に危険なもの、持ち込みが禁止されているものが含まれていないかを確認する手荷物検査の役割を担います。UTMを通過することで、安心してパソコンを使用できるようになるわけです。

さらに、こうした機器の運用を専門家が代行し、不正通信など問題発生時に原因究明・環境復旧をサポートするサービスもあります。そうしたサービスを利用すれば、ICT専門の部署や専任のICT担当者がいない企業でも、脅威への防御力を手に入れられます。

端末の対策を強化するエンドポイントセキュリティ

情報の出入口で対策を行うゲートウェイセキュリティに対して、情報が利用されたり保存されたりする端末での対策が、エンドポイントセキュリティです。具体的には、情報システムが動いているサーバーや社員が利用するパソコン、スマートフォンやタブレットが対象になります。

パソコンの情報セキュリティ対策というと、ウイルス対策ソフトの導入を思い浮かべる人も多いでしょう。確かにウイルス対策ソフトはエンドポイントセキュリティの一部です。ただ、エンドポイントセキュリティ対策は、より広い「端末そのものを守る」のが目的です。主な対策には、以下のものがあります。

・データ暗号化
・ICT資産管理
・ID管理
・マルウェア検知

エンドポイントセキュリティ対策が求められるようになった背景の一つには、ビジネスで利用されるICT環境の変化があります。パソコンがビジネスで利用されるようになった当時、そのほとんどは据え置き型のデスクトップパソコンで、ネットワークへの接続も有線でした。それが現在では、ノートパソコンやタブレット、スマートフォンを持ち歩き、

Ｗｉ－Ｆｉやモバイル通信を利用して無線でインターネットに接続しています。これらのモバイルデバイスは、会社から貸与される場合に加え、個人所有のデバイスを業務で利用するＢＹＯＤ（Bring Your Own Device）と呼ばれる形態もあります。デバイスの種類も利用方法も実に多様化しています。

モバイルデバイスの利用を前提とすると、まず必要なのは盗難や紛失に備えた端末内の「データ暗号化」です。万一、盗難や紛失した場合であってもデータが暗号化されて解読できなければ、情報漏洩という最悪の事態は免れます。

次に、セキュリティアップデートを一括で実施したり、特定のアプリを利用禁止にしたりするなど会社のポリシーにのっとった運用を行うためには「ＩＣＴ資産管理」も必要です。「ＩＣＴ資産管理」には紛失した場合に遠隔ロックしたり、データを消去したりする機能を備えているものもあります。

社内の業務システムには、機密情報が保存されています。社員であれば誰でもアクセスできるようにしておくのは、情報管理の観点から問題があります。こうした場合に、端末を利用するユーザーそれぞれにＩＤを付与し、ＩＤごとにアクセスできるシステムや情報の範囲を制限する「ＩＤ管理」が必要になります。社内からのアクセスであれば顧客データベースにアクセスできるが、モバイルデバイスの場合はメールのみにするなど、持ち運ぶリスクを考慮して適切な権限を設定しましょう。また、モバイルデバイスの利用は真に必要な場合のみＩＤを発行する、不要になった場合には速やかに削除するといった「ルール」も必要です。

「マルウェア検知」は、ゲートウェイセキュリティでウイルス対策ソフトを導入すれば不要だと思うかもしれません。しかし、自宅のパソコンがマルウェアに感染しているのに気付かず、自宅で作業したファイルをＵＳＢメモリーで会社のパソコンにコピーした場合、ゲートウェイを通りません。ゲートウェイセキュリティでは防げないため会社のパソコンが感染してしまいます。一方、エンドポイントセキュリティとしてマルウェア検知が導入されていれば、マルウェアに感染したＵＳＢメモリーを会社でパソコンに接続した時点で検知され、感染を防ぐことができます。

エンドポイントセキュリティ対策の多くは、こうした複数の機能をまとめたソリューションとして提供されています。ウイルス対策の更新や端末の一元管理を代行するサービスもあります。自社の業務やＩＣＴ環境と照らし合わせ、適切な対策の導入を検討することが重要です。

クラウドサービスの利用にも適切な対策を

クラウドサービスのビジネス利用が広がっていることは、前述したとおりです。そしてクラウドサービスの利用が普及すればICT環境も変わり、情報セキュリティ対策にも変化が生じるのは言うまでもありません。クラウドサービスそのものがクラウドサービス事業者の対策によって安全であっても、利用者が適切な「モラル」「ルール」「仕組み」による情報セキュリティ対策を行わずに利用すれば、リスクは高まります。

クラウドサービスの利用に当たっては、まず導入対象となる業務の目的や扱う情報などを明確にし、費用対効果を検討します。クラウドサービスにおいても、企業のICT環境の一部になる以上、メリットとデメリットの両側面を意識しておく必要があります。

例えば、クラウドサービスを自宅や外出先から利用する場合、インターネットから直接クラウドサービスを利用することになります。そのため、まずは「通信の暗号化」が必要です。Wi－Fiなどの無線LANを利用する場合は盗聴される危険があります。利用するサイトのアドレスが「https：//」で始まる「SSL通信」と呼ばれる方式を利用しているかを確認します。また、自宅でWi－Fiを設置する場合は「WPA」や「WPA2」という暗号化の設定も必須です。

不正アクセスやなりすましによる情報漏洩やデータ改ざんを防ぐには、「ＩＤとパスワードの運用管理」も重要です。ＩＤごとにデータの閲覧や変更、削除など、どのような操作を認めるかの権限設定を適切に行うだけでなく、ワンタイムパスワードやＳＳＯのような「仕組み」を導入して、より厳格な運用管理を行うことも可能です。

訓練による疑似体験が意識を変える

情報セキュリティ対策としてここまで見てきたような製品やソリューション、サービスの導入と同様に重要なのが、情報を扱う「人」の情報セキュリティへの意識です。「ルール」である情報セキュリティポリシーを策定し、ネットワークやシステムの対策を強化して「仕組み」を作っても、「ルール」を知らなければ守ることはできません。従業員一人ひとりがどのような「モラル」に沿って行動すべきかを共有できていなければ、「こんなはずではなかった」という事態も発生しかねません。

情報セキュリティに関する研修の開催や、インターネットを利用したeラーニングの受講を従業員に義務付ける企業も増えていますが、ポイントとなるのは、役職に関係なく全従業員を対象に実施することです。もちろん、経営者も対象に含まれます。経営者自らが研修に参加する、あるいは経営者自身が講師になるなど、先頭に立って情報セキュリティ対策に取り組んでいる姿を見せれば、現場の意識は変わります。

情報セキュリティへの意識を高めるには、研修やeラーニングのような座学だけではなく、パート2－1でも触れた情報セキュリティインシデントを想定した訓練も効果的です。消防訓練や避難訓練を定期的に実施しているように、日ごろからサイバー攻撃に関しても訓練を行っていれば、万が一の事態にも対応しやすくなります。

こうした訓練はサービスとして提供されています。例えば、標的型攻撃メールの訓練では、送られてきた訓練用の

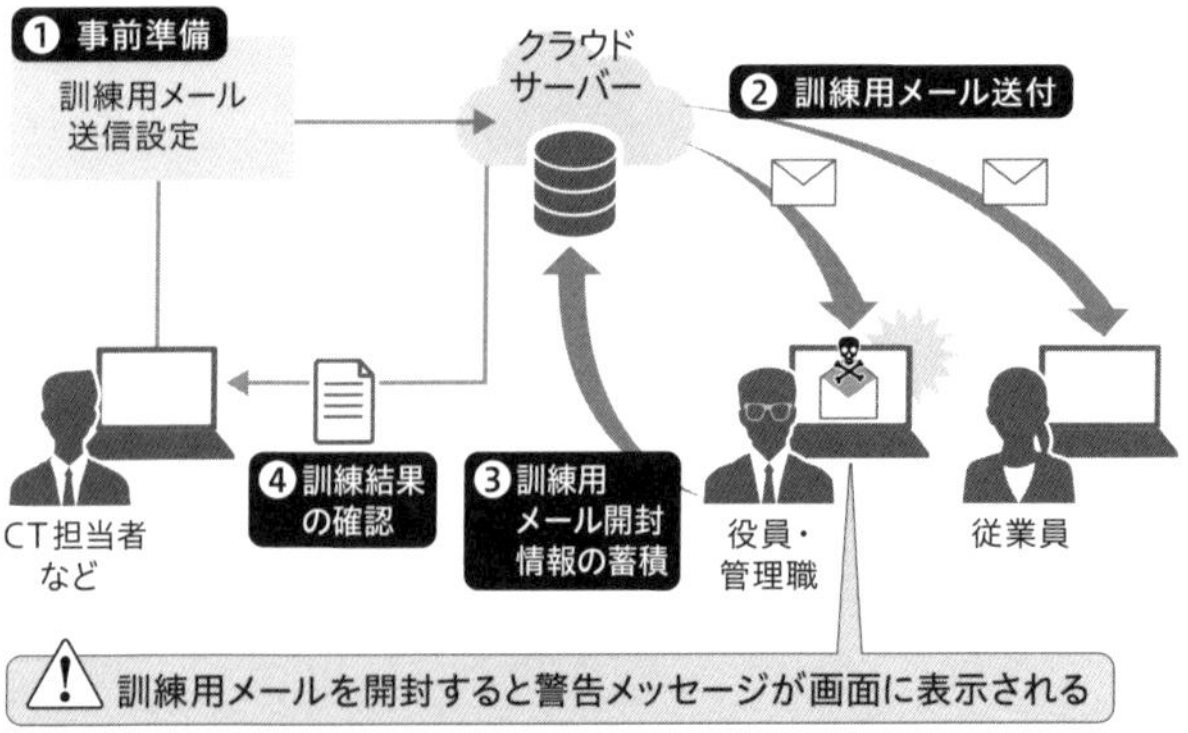

標的型攻撃メール訓練サービスの例

メールを開封すると警告メッセージが表示されるため、不用意に添付ファイルを開封するのが危険であることを、身をもって体験できます。サービスによっては、開封してしまった場合、パソコンを社内ネットワークから外す、ICT担当者や上司に報告するといったところまで疑似体験できるものもあります。このような訓練を定期的に実施することで、もしものときに適切な対応ができるのです。

情報セキュリティ対策は「破られたとき」のことも考える

情報セキュリティ対策では、事前にできる限りの対策を講じることが重要です。しかし、どれだけ対策を施しても、マルウェアの感染や情報漏洩といった情報セキュリティインシデントが発生する可能性は、ゼロにはなりません。サイバー攻撃は巧妙さを増し、次々と新しい手口が登場しています。企業としては、そうした脅威から情報を守る「事前対策」とともに、被害に遭った場合に備えた「事後対応」も考えなくてはなりません。

マルウェア感染や不正アクセスの被害に遭ってしまった場合、被害の拡大を防止するため、まずは被害の影響範囲や損害を特定します。その後、侵入経路や原因の把握、再発防止などの手順を進めます。

こうした情報セキュリティインシデントに備えて、大手企業の中にはCSIRT（Computer Security Incident Response Team／シーサート）と呼ばれる、インシデントが発生した際に緊急対応を行う専門の組織を設置するところもあります。しかし、中小企業ではそうした人材を確保するのは難しいのが現状でしょう。

では、どうすればよいのでしょうか。IPAの『中小企業における組織的な情報セキュリティ対策ガイドライン』では、情報セキュリティに関する事件・事故の緊急時に何をすべきか、あらかじめ把握する必要があると指摘しています。例えば情報漏洩の場合、次のように例示されています。

・事実を確認後、速やかに責任者に報告し、対応体制を取る
・5W1H（誰が、いつ、どこで、何を、なぜ、どのようにして情報漏洩が起こったのか）の観点で情報を整理
・対応方針の決定
・被害の拡大防止と復旧のために必要な措置を行う
・漏洩した個人情報の当事者・本人、取引先への通知、監督官庁等への報告、ホームページなどでの公表

インシデント対応で大切なことは、事実を正確に把握する一方で、原因調査だけに人員や時間を割くのではなく外部（顧客、関連会社など）への対応を疎かにしないことです。あらかじめ社内で調査に注力する人員、対外的な対応を行う人員というように役割を分担しておくことで、混乱を避けることができるでしょう。

事後対策を迅速かつ適切に行うためには、共通して事前に行っておくべきことがあります。どこのシステムや業務で、どのような情報を扱っているのか、システム保守を行うＩＣＴベンダーの連絡先などを整理することです。こうした情報がブラックボックス化してしまうと、いざというときに事実確認だけで多くの時間がかかってしまいます。

事後対応に欠かせない「ログの取得」も、万が一を想定して事前に行っておくべき準備の一つです。ログとはコンピューターの利用状況やネットワーク上の動作の記録で、いつ、誰が、どのパソコンを使って、どのような操作をしたのかを記録します。パソコンだけでなくＵＳＢメモリーや、メールサーバー、Ｗｅｂサーバーなどの履歴も収集・記録しておきます。ログがあれば、問題が発生した際の原因究明や分析など、事後対応に役立ちます。また、従業員にパソコン操作などのログを収集・記録していることを伝えることで、不正の抑止効果も期待できます。

ログの収集・分析には、ＩＣＴの専門的な知識が必要になる場合もあります。ログの収集までは自社で行い、ログの分析や問題究明は外部の専門家に相談してもよいでしょう。また、自社で利用している機器やシステム、サービスで、どのようなログが取得できるのかを確認しておくことも必要です。

経営者にとって重要なのは、情報セキュリティ対策の中で、何をやらなくてはならないのかをあらかじめ整理し、万が一の問題発生時に初動対応を誤らないことです。自社が情報セキュリティインシデントを起こしたとなれば、気が動転して何から対処すればいいのか分からなくなるかもしれません。しかし、そうしている間にも被害は拡大し、事態は時々刻々と悪くなっていきます。被害を最小限に食い止めるためにも、あらかじめ対応策を決めておき、余計な感情は挟まず粛々と手順を実行できるように備えておくことが重要です。

実践編Ⅰ

2-8

新しいテクノロジーとセットで情報セキュリティ対策を改善する

進化し続けるICT環境に情報セキュリティ対策もアップデート

ＩＣＴの世界では新しい技術やサービスが次々と登場していますが、その一方で企業の情報を狙う犯罪者の手口も日々進化しています。したがって、新しい技術やサービスの導入を検討する際には、どのような情報セキュリティ対策が必要になるのかといったこともセットで考えなければなりません。

近年普及が進むＩｏＴも、情報セキュリティ対策とセットで考える必要があります。例えば工場内の生産機器がインターネットに接続された場合、ソフトウェアに脆弱性があればサイバー攻撃の対象となり、生産機器からネットワークやシステムに侵入されて機密情報が盗まれたり、製造ラインが停止したりといったリスクが生まれます。街中の監視カメラから送信される情報が盗聴されるような事態が発生すれば、設置場所次第では個人情報が漏洩する可能性もあります。

パソコンを使った定型作業などを、ソフトウェア型のロボットを使って自動化するRPAにも、情報セキュリティ上のリスクは存在します。受発注伝票の入力を例に取ると、受発注システムを利用するためのID・パスワードをシナリオの中に組み込む必要があります。導入しているRPAツールからID・パスワードが外部に漏洩すれば、システムに自由に侵入され情報を盗み出されてしまうからです。

IoTやRPAの導入を検討する際には、導入によって得られるメリットと同時にどのようなリスクがあるかを比較し、リスクを可能な限り低減するための対策を施す必要があります。また、そうした新しいICTの導入を契機に、従来の情報セキュリティ対策の見直し、改善を行うことが必要になる場合もあるでしょう。

ICTの利用と情報セキュリティ対策。このセットとなる二つを企業経営と切り離して考えることはもはや現実的ではありません。企業の経営者は、売上高や利益率、製品の生産量や販売量、株価や為替レートを注視するように、ICTの動向にも目を向ける必要があるのです。

一方、日経BPコンサルティングが『ICT利用動向調査』の中で「情報セキュリティ対策に関して困っていることはありますか」と尋ねたところ、中小企業に所属する人の

48・1％が「困っていることはない」と回答しています。

中には万全の情報セキュリティ対策を施し、すでに頼れるパートナーがいるという方もいるでしょう。しかし、果たしてこの約半数もの方々は、本当に「困っていることはない」のでしょうか。「困った状況になっていることにすら気付いていない」という可能性はないでしょうか。

いずれにしろ、企業の情報セキュリティ対策における本当の脅威とは、ＩＣＴや情報セキュリティに対する「無関心」にほかならないのです。

Part 3
実践編Ⅱ

経営者が意識すべき情報セキュリティ対策の「心得」

ここまで、経営者として知っておきたい情報セキュリティの脅威や実態、それらから企業を守るために必要な対策を見てきました。これらの対策を効果的なものにするには、運用管理する「人」に対しても意識を払う必要があります。運用管理はその役割を担う個人だけの責任ではなく、組織として取り組むべき業務です。本パートでは、そのためにどのような体制を整備すべきかを具体的に見ていきましょう。

実践編Ⅱ

3-1

経営者も含めて全社で取り組む

情報セキュリティ対策に終わりはない

事業を安定的に継続していくために、事業リスクを管理することは経営者の使命です。これは、事業成長のための新たな販路の拡大や、新技術・サービスの開発などと同じくらいに重要なことです。

これまで述べてきたとおり、情報セキュリティの問題が発生すると、事業を支えているICTシステムが正常に動作しなくなったり、情報漏洩が発生したりと大きな損害が発生します。問題の大きさによってはこれまで築き上げてきた信頼を失い、多くの取引先や顧客が離れていくことになります。企業イメージの低下は、長期にわたって企業の業績に負の影響を与え続けるでしょう。

ビジネスを進めるに当たって、ICTを使わないという選択はもはや現実的ではありません。どのような規模であれ、業種・業態であれ、紙の帳票、固定電話、ファクス、郵便、バイク便といった従来型のインフラだけで、滞りなくビジネスを遂行できると考える人はいないでしょう。業務効率化や生産性向上、マーケティング、新製品開発など、業務の種類に関係なくビジネスにとってメリットとなるＩＣＴを、その効果が最大限発揮されるように活用しながら、デメリットである情報セキュリティリスクを適切に管理できる体制を作ることが、経営者には求められます。

ここで「リスクをなくす」ではなく「リスクを管理する」と表現しているのは、サイバー攻撃を完璧に防御したり、情報セキュリティの問題を完全に封じ込めたりすることが不可能だからです。進化し複雑化していくＩＣＴや巧妙化するサイバー攻撃の現状とこれからを考えると、リスクをなくすことは不可能だと言わざるを得ません。

さらに、もう一つ大事なことがあります。「管理」である以上、一度対策をすれば終わりではなく、継続的な活動であるという認識を持つことです。事業を成長させるための取り組みに終わりがないように、情報セキュリティ対策にも終わりはありません。

企業は情報セキュリティリスクを管理できる組織や体制を構築し、継続的にその実効性を監視していく必要があり、それは経営者の責任なのです。

情報セキュリティに関する意思決定の場を設ける

情報セキュリティリスク管理ができる組織を構築するために経営者が取り組むべき最初の仕事は、情報セキュリティの最高責任者（CISO：Chief Information Security Officer）の任命です。これは、社内のICT環境を運用管理する現場の担当者を決めるということではありません。経営幹部の中に、経営者の指示の下で全社の情報セキュリティについての責任を持つ担当者を決めるということです。

技術担当役員やマーケティング担当役員が、経営会議の場でそれぞれの職域に関する報告を行うように、CISOを任命することで経営会議の場で情報セキュリティに関して議論する体制を作るのです。そこで議論された情報を経営者から経営幹部、そして従業員へと広げていくことができれば、情報セキュリティへの意識を会社全体で高めることができます。

中小企業の中にも、パート4で紹介する株式会社ダイワ・エム・ティのように、経営者自身がリーダーシップを発揮し、情報セキュリティについて話し合う場を定期的に設け、従業員の意識向上を図っている企業があります。このように経営会議などの場で話し合う機会を設けることで、世間で発生している情報セキュリティ関連のインシデントや、サイバー攻撃の動向が自社において気にすべき情報か否かを迅速に判断することが可能になります。その結果、対策に必要なソリューションの導入を検討することになった際にも、現場の独断ではなく、経営者が判断できるようになるのです。

また、経営者とCISOをリーダーに、会社がそうした場を持っていることが伝われば、従業員の情報セキュリティに対する意識も変わるでしょう。従業員に情報の取り扱いについて注意し続けるのも大切な取り組みですが、経営トップ自らが旗振り役になって推進し、情報セキュリティに対して強い意志を持っていることを明確に示すことも、情報セキュリティ対策の強化につながります。

インシデントの発生に備えて責任分担を決める

CISOのような情報セキュリティを統括する責任者が必要なのは理解できても、経営資源に余裕がないため実現が難しいと感じる経営者も多いでしょう。しかし、企業の規模に関係なく、情報セキュリティの問題が発生した場合に「誰が」「どのように対応するか」という役割や責任をあらかじめ決めておくことは不可欠です。

万一の際に「誰に聞いたらいい？」から始めていては、対応は大幅に遅れ、被害は拡大します。「火事が起きたら、まずは119番に連絡」と誰もが知っているように、「情報セキュリティに関する問題が発生したら、まずはこの人に連絡」と、社内の誰もが知っている必要があるのです。このような状況を構築する責任者がCISOです。問題が発生したときに連絡すべき「この人」を任命するのも、CISOの役割の一つです。

CISOの下には技術担当、運用管理担当などを設けて日々の管理を担わせ、問題が発生した際は速やかに報告が上がってくるような体制を作ります。情報セキュリティに関する問題が発生した際には同時に、事業全体にどのような影響が出ているかの調査も行います。そうしてCISOの下に集まった情報を経営者に提出するわけです。

そのほか、他社との連携も重要です。前章で触れたサプライチェーン攻撃のように、情報セキュリティに関する問題が、自社だけの被害では収まらないケースも増えています。契約書などを確認して取引先企業との情報セキュリティの責任分担についても把握しておき、問題発生時には迅速な連絡や情報の共有、的確な対応が取れるような体制を作っておくべきです。

実践編Ⅱ

3-2

情報セキュリティのポリシーを持つ

情報セキュリティポリシーを策定する

経営者の指揮の下でＣＩＳＯを任命し、その責任の範囲や役割分担などを決めたら、情報セキュリティ対策のための実務に入ります。

最初に決めなければならないのは、企業の「情報セキュリティポリシー」です。これは、企業が保有する情報資産をどのような脅威からどう守るのかという考え方や行動指針を定めたものです。日常の業務上発生する情報管理のルール、社内の体制、問題発生時の対応、さらに情報セキュリティ教育や外部企業との契約まで、すべての行動がこの情報セキュリティポリシーの内容によって決まることになります。

情報セキュリティポリシーのまとめ方や例文は、ＩＰＡなどのＷｅｂサイトに掲載されています。それらを参考に作成することはできますが、例文のとおりに作ればよいわけではありません。企業理念にどこかの例文をそのまま掲載する企業はないでしょう。情報セキュリティに関しても、自社がどのような判断基準を持っているかを精査、決定し、それに基づいた独自のものを作成することが重要です。

情報セキュリティポリシーは、「基本方針」「対策基準」「実施手順」の3階層で策定するのが一般的です。

「基本方針」は、社内の情報セキュリティ対策のベースになります。IPAでは、基本方針について、「『なぜセキュリティが必要か』という『Why』について規定するもの」としています。

また、情報セキュリティポリシーは、その適用範囲を定義する必要があり、それらも基本方針に盛り込みます。企業の情報資産は電子データだけではなく、紙の資料も含まれます。電子データの場合、業務で利用する情報システムやデータベースシステム、USBメモリーなどのメディアも情報資産の一部になります。それらのどこまでを対象とするかを定義します。また、誰に情報セキュリティポリシーが適用されるのかにも定義が必要です。経営陣や社員、契約社員だけでなく、アルバイトや外部委託先など、業務を行うに当たって情報資産を誰が利用するかを精査した上で定義します。

「対策基準」は、実施する情報セキュリティ対策についてのガイドラインに相当します。IPAでは「『何を実施しなければならないか』という『What』を記述する」としています。部署やシステム別に適用範囲や対象者を明確にし、基本方針を実行に移すための順守事項や対策事項などのルールをまとめます。例えば、順守事項は「機密情報を要管理対策区域外に持ち出す場合には、安全確保に留意して運搬方法を決定しなければならない」、対策事項は「運搬を第三者へ依頼する場合は、セキュアな運送サービスを選択する」などといった内容になります。

「実施手順」では、実施すべき情報セキュリティ対策を具体的にまとめます。IPAは、実施手順には「『どのように実施するか』という『How』を記述する」としています。内容は対策基

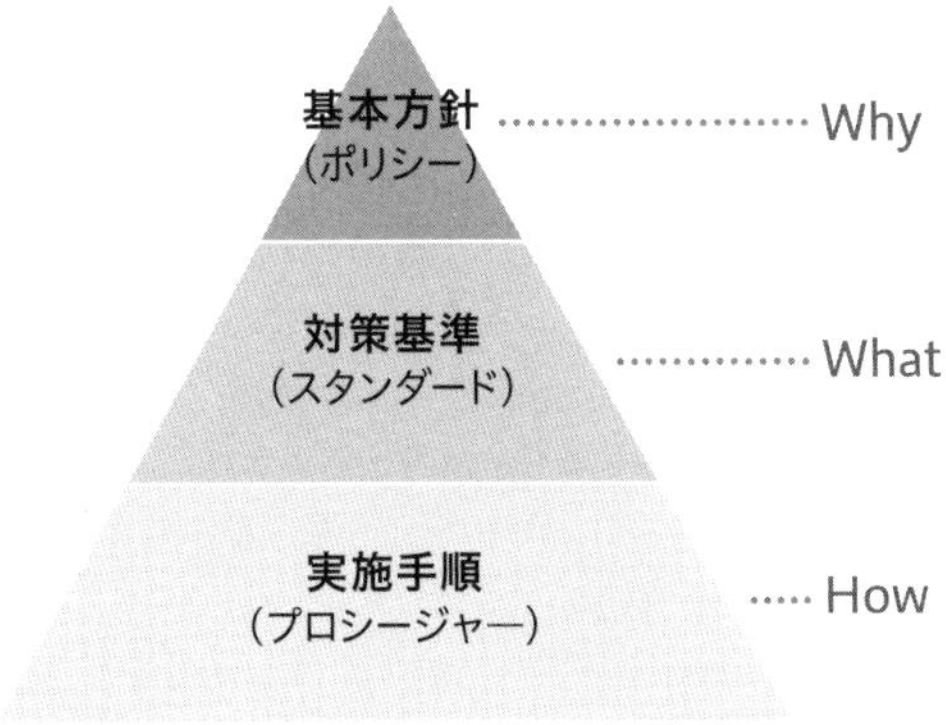

情報セキュリティポリシーの構成
出所：IPA『情報セキュリティマネジメントとPDCAサイクル』

準をより具体的かつ詳細な手順を記述した、マニュアルのような位置付けになります。

なお、「基本方針」は、Webサイトなどで社外に向けて公開している企業もあります。必ず公開しなければならないものではありませんが、取引先や消費者に対して自社への理解を深めてもらうことを目的に公開する場合もあります。一方、「対策基準」と「実施手順」は、社外に公開することを目的としたものではなく、情報セキュリティポリシーの対象者が実際に実行に移す場合に、各自の判断ではなく情報セキュリティポリシーにのっとった行動を取るために準備するものです。

情報セキュリティポリシーを策定しても、作業は終わりではありません。社会や事業の環境、企業の情報資産、利用するICT環境の変化に合わせ、情報セキュリティポリシーの見直しも必要になります。詳しくはパート3－4で解説しますが、情報セキュリティポリシーの各規定は定期的に見直すことを前提に、期限を明記しておくことも重要です。

「情報セキュリティの3要素」とは

情報セキュリティは、「機密性（Confidentiality）」「完全性（Integrity）」「可用性（Availability）」という三つの要素を確保し、維持することで保たれます。「情報セキュリティの3要素」ともいわれ、それぞれの頭文字から「情報セキュリティのCIA」とも呼ばれます。

一つ目の「機密性」とは、許可された特定の人以外が情報にアクセスできないようにしておくことを指します。顧客情報、社員の個人情報、新製品の開発情報などは機密性の高い情報の一例です。機密性が損なわれている場合、サイバー攻撃や不正アクセスなどによって情報漏洩につながります。権限を持つ者だけがアクセスできるような運用管理体制を構築することで、こうしたリスクを減らすことができます。

二つ目の「完全性」とは、情報やその処理方法が正確かつ完全な状態になっていることを指します。情報が「間違っていないこと」「不足していないこと」と言い換えることもできます。完全性が損なわれると、Webサイト、個人情報、会計や受発注情報などの改ざんや欠落といった事態が発生します。完全性を保つための対策としては、前述の機密性の確保に加え、適切なログの管理やデータのバックアップなどがあります。

三つ目の「可用性」とは、許可された人が必要なときに情報にアクセスできる状態にあることを指します。例えば、停電や災害が発生した場合、可用性が保たれていないと情報にアクセスできなくなったり、サービスを利用できなくなったりします。対策としては、業務システムや電源の冗長化、それに加え、いかに早く復旧できるかに着眼した体制整備

評価値		評価基準	該当する情報の例
機密性 アクセスを許可された者だけが情報にアクセスできる	2	法律で安全管理(漏えい、滅失またはき損防止)が義務付けられている	●個人情報(個人情報保護法で定義) ●特定個人情報(マイナンバーを含む個人情報)
	2	守秘義務の対象や限定提供データ※として指定されている 漏えいすると取引先や顧客に大きな影響がある	●取引先から秘密として提供された情報 ●取引先の製品・サービスに関わる非公開情報
	2	自社の営業秘密として管理すべき(不正競争防止法による保護を受けるため)漏えいすると自社に深刻な影響がある	●自社の独自技術・ノウハウ ●取引先リスト ●特許出願前の発明情報
	1	漏えいすると事業に大きな影響がある	●見積書、仕入価格など顧客(取引先)との商取引に関する情報
	0	漏えいしても事業にほとんど影響はない	●自社製品カタログ ●ホームページ掲載情報
完全性 情報や情報の処理方法が正確で完全である	2	法律で安全管理(漏えい、滅失またはき損防止)が義務付けられている	●個人情報(個人情報保護法で定義) ●特定個人情報(マイナンバーを含む個人情報)
	2	改ざんされると自社に深刻な影響または取引先や顧客に大きな影響がある	●取引先から処理を委託された会計情報 ●取引先の口座情報 ●顧客から製造を委託された設計図
	1	改ざんされると事業に大きな影響がある	●自社の会計情報 ●受発注・決済・契約情報 ●ホームページ掲載情報
	0	改ざんされても事業にほとんど影響はない	●廃版製品カタログデータ
可用性 許可された者が必要な時に情報資産にアクセスできる	2	利用できなくなると自社に深刻な影響または取引先や顧客に大きな影響がある	●顧客に提供しているECサイト ●顧客に提供しているクラウドサービス
	1	利用できなくなると事業に大きな影響がある	●製品の設計図 ●商品・サービスに関するコンテンツ(インターネット向け事業の場合)
	0	利用できなくなっても事業にほとんど影響はない	●廃版製品カタログ

※**限定提供データ**　不正競争防止法で次のように定義されています。「第二条7 この法律において「限定提供データ」とは、業として特定の者に提供する情報として電磁的方法(電子的方法、磁気的方法その他人の知覚によっては認識することができない方法をいう。次項において同じ。)により相当量蓄積され、及び管理されている技術上又は営業上の情報(秘密として管理されているものを除く。)をいう。」

情報資産の機密性・完全性・可用性に基づく重要度の定義
出所：IPA『中小企業の情報セキュリティ対策ガイドライン 第3版』

などが考えられます。

情報セキュリティ対策では、この3要素をバランスよく確保した運用が重要になります。例えば社外からのアクセスを厳重にすれば機密性は保てますが、テレワークなどで社外から必要な情報にアクセスできなければ可用性が保たれているとはいえません。また、機密性と可用性が適切であっても、データがシステムトラブルによる消失や不正アクセスによる改ざんで完全性が損なわれていては意味がありません。

3要素をバランスよく確保するには、情報資産の重要度を判断する必要があります。企業は多様な情報資産を持っています。例えば、商品カタログ

判断基準	重要度
機密性・完全性・可用性評価値のいずれかまたはすべてが「2」の情報資産	2
機密性・完全性・可用性評価値のうち最大値が「1」の情報資産	1
機密性・完全性・可用性評価値すべてが「0」の情報資産	0

情報資産の重要度の判断基準

出所：IPA『中小企業の情報セキュリティ対策ガイドライン 第3版』

やWebサイトに掲載されている公開情報と、現在開発中の商品の開発設計書のような企業秘密を同じレベルで守るのではなく、まず自社内の情報資産を洗い出し、それぞれの重要度を評価してそのレベルに応じた情報セキュリティ対策を行います。

重要度の評価では、機密性、完全性、可用性それぞれが損なわれた場合、事業にどの程度の影響が発生するかを評価基準にします。このように3要素に関する評価値を算定することで、その情報資産の自社にとっての重要度が判断できるようになります。IPAでは、情報資産の重要度の判断の参考として、『中小企業の情報セキュリティ対策ガイドライン第3版』で、3要素それぞれを3段階で評価し、それに基づいた重要度の判断基準を例示しているので、参考にするとよいでしょう。

前述した定義や基準に基づいた場合、先に例示した商品カタログやWebサイトに掲載されているような公開情報は「機密性：0、完全性：1、可用性：1」で重要度は1。一方、開発中商品の設計書のような社外秘情報は「機密性：2、完全性：2、可用性：1」で重要度は2になります。こうして判断した重要度に合わせ、それぞれの情報資産に適切な情報セキュリティ対策を施すことになります。

実践編Ⅱ

3-3

従業員の意識を変える

内部不正やミスによる情報漏洩も想定する

情報セキュリティリスクには、外部からの攻撃だけでなく、従業員の人的ミスや内部不正もあります。

内部不正による被害を予防する方法としては、重要情報を利用する者のアクセス権限の徹底管理が挙げられます。具体的には、異動や離職に伴う利用者IDの削除や重要情報へのアクセス管理、USBメモリーなどの外部記録媒体の利用制限などが考えられます。同時に行うべきことは、情報セキュリティポリシーの作成や見直しです。不正行為を犯した者に対する罰則規定を整え、また従業員に秘密保持義務を課すことを明記します。誓約書を作成させてもよいでしょう。

信頼する従業員のモラルを疑うようなルールを作ったり仕組みを導入したりするのは、経営者にとって気が重い作業です。しかし、一人の不正によって受ける被害はその負担の何万倍にもなり、そのほか多くの従業員を不幸にします。事業を継続し、健全に業務を遂行している従業員を守るには、性善説に立ったルールでは不十分なのです。

情報セキュリティポリシーに基づいて重要情報の管理が行われていること、つまり、重要情報へのアクセス履歴やシステムの操作履歴を保存していることが分かれば、不正アクセスを思いとどまらせることが期待できます。

また、情報漏洩などの不正行為を防ぐには、業務全体を見直す必要もあります。内部不正は、企業や組織に不満のある人物が起こすともいわれます。ICTに関することだけではなく、経営者の視点から労働環境や人事、福利厚生、給与といった点に目を向けることも、情報セキュリティ対策につながります。

一方、内部からの情報漏洩発生リスクは、不正行為だけにとどまりません。ノートパソコンやスマートフォン、タブレット端末などの置き忘れ、メールの誤送信など、情報セキュリティインシデントは人的ミスによっても発生します。実際、特定非営利活動法人日本ネットワークセキュリティ協会が実施した調査[*2]によると、情報漏洩インシデントが発生した理由は、「紛失・置き忘れ」「誤操作」が合わせて50・8%と、約半数が人的ミスによるものとなっています。

さらに、せっかく定めた情報セキュリティポリシーが周知徹底されていなければ、情報

＊2　特定非営利活動法人日本ネットワーク協会『2018年 情報セキュリティインシデントに関する調査報告書』より

漏洩などのリスクになります。日経BPコンサルティングの『ICT利用動向調査』でも、「あなたのお勤め先は、情報セキュリティに関するルールを定めていますか」という問いに対して、6・1%の人が「情報セキュリティに関するルールがあるかどうか知らない」と回答しています。したがって、情報セキュリティポリシーの導入では、従業員に積極的に教育、啓発を行うべきです。加えて、日常の業務の中で順守されているか、機能しているか、業務を非効率にしていないかなどについても確認する必要があるでしょう。

情報セキュリティ対策では、こうした事業運営全般にわたる多様な要素に目を向けながら、検討・決定していかなければならない経営課題なのです。

実践編Ⅱ

3-4

「絶対に大丈夫」がないと意識する

事業環境の変化や新たな脅威に備えて「評価」と「見直し」を行う

企業が情報セキュリティを健全に保つには、業務やＩＣＴ環境の変化に応じて、情報資産に脅威が発生していないかどうかを絶えず検証し続ける必要があります。情報セキュリティポリシーや情報セキュリティ対策も新しい脅威が発生するたびに、適切にアップデートすることが求められます。

近年ＩｏＴが急速に普及したように、企業におけるＩＣＴ環境が変われば、そこに新しいリスクが生まれます。そして、犯罪者もそうしたリスクを狙って新たな手口を生み出し、企業の情報セキュリティにおける脅威となります。健全な情報セキュリティを維持し、既存のＩＣＴ環境と新たな脅威に備えたアップデートを行う上で重要となるのが、情報セキュリティ対策の不断の見直しと改善に取り組むことです。

そのための施策の一つが、「Ｐｌａｎ（計画）」「Ｄｏ（導入・運用）」「Ｃｈｅｃｋ（点検・

評価）」「Action（見直し・改善）」で構成される「PDCAサイクル」を回すことです。

IPA、総務省、経済産業省など、企業向けに情報セキュリティに関する情報を発信している多くの組織が、PDCAサイクルを回すことの重要性を訴えています。例えば、経済産業省の『サイバーセキュリティ経営ガイドライン』では、情報セキュリティ対策におけるPDCAサイクルの実施を、サイバーセキュリティ経営の重要10項目の一つに挙げています。

定期的に状況を点検・評価し、見直すためのフレームワークであるPDCAサイクルは、一度見直し・改善を行ったら

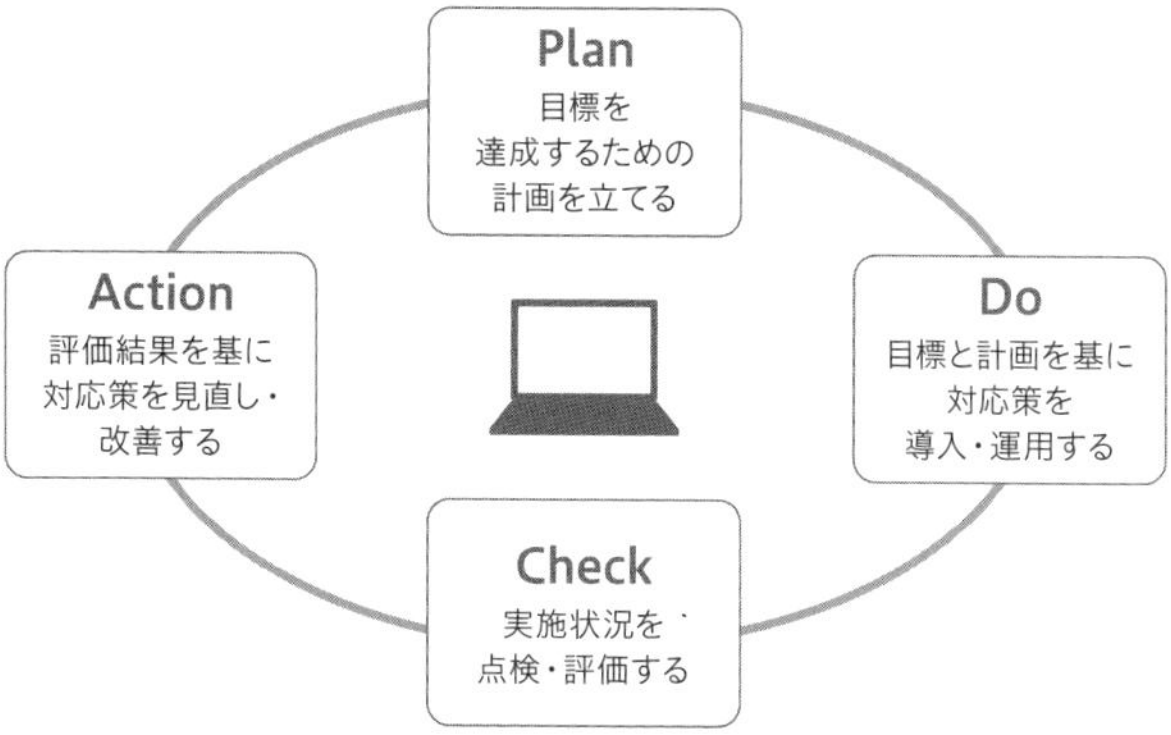

PDCAサイクルは情報セキュリティの分野でも有効

再び計画と対応策の実施を行うことになります。そうしたステップを繰り返す中で、新たな問題点が検出されたら、経営者に報告させて、速やかに対処方針を検討します。また、どんな点検・評価の結果を受けて、どのような見直し・改善を行ったかを、すべての関係者に周知徹底することも大切です。

情報セキュリティ専用保険の加入を検討する

情報資産を洗い出してその重要度に応じた対策を講じたり、情報セキュリティポリシーを作成して運用したりすることをリスクコントロールといいます。リスクコントロールでは、潜在的なリスクに対して、物理的対策、技術的対策、運用管理的対策などを行い、その発生確率を低減させるのが目的です。しかし、それはあくまでも「低減」であって「完全防止」ではありません。リスクが顕在化して損失が発生した場合に備え、その対応費用など資金面での対策を講じておくことも重要です。例えば、不測の事態に備えて引当金や準備金、積立金などの名目で対応費用を組織内で確保しておくことも手段の一つです。

また、企業向けのサイバー保険というものもあります。例えば、情報漏洩などに対する賠償リスク、システムへの侵入経路などを調査・分析するための費用リスク、データの損壊を回復するための修復リスク、システムの停止による休業リスクなどに備える保険が提供されています。万一の事態に備えてそうした保険に加入することも、情報セキュリティ対策の一つといえるでしょう。

一般社団法人日本損害保険協会の『サイバー保険に関する調査２０１８』によると、サイバー保険に「加入している」という国内企業は12％にすぎません。保険の利用も含めて、情報セキュリティリスクについて考えていく必要があるでしょう。

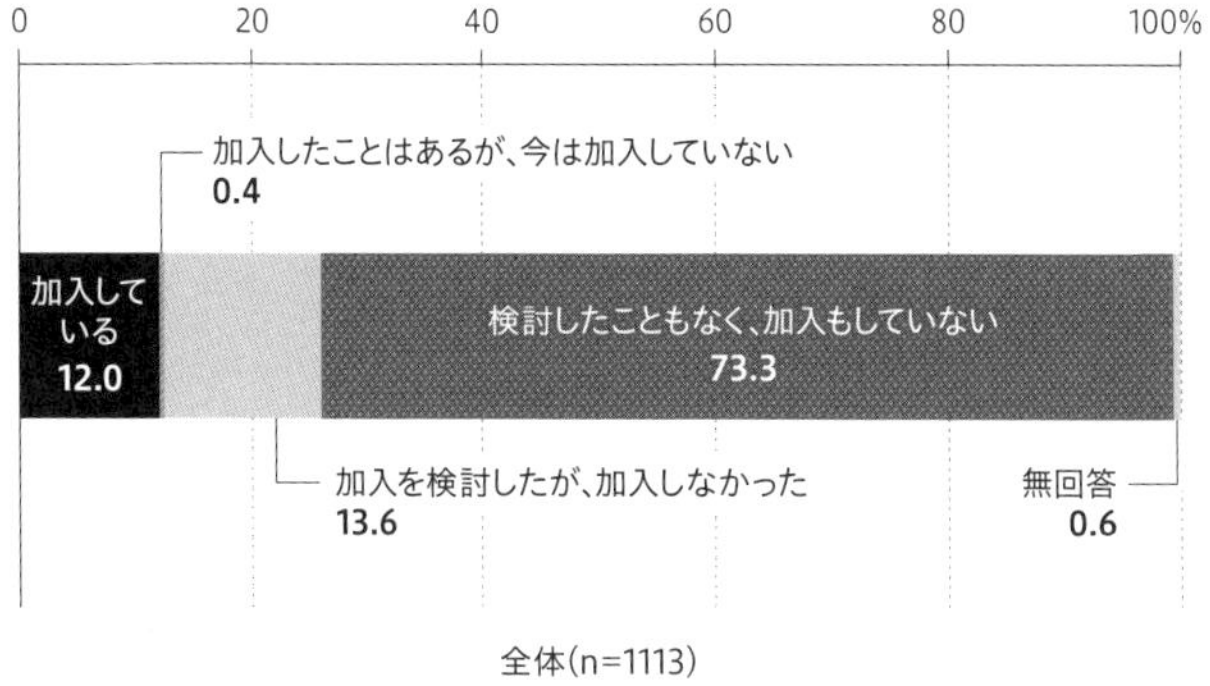

国内企業におけるサイバー保険加入状況
出所：一般社団法人日本損害保険協会『サイバー保険に関する調査2018』

信頼できるセキュリティパートナーを見つける

情報セキュリティに関するリスクを適切に管理するには、社内の組織体制を見直し、運用ルールを定めて日々の業務を行う必要があります。とはいえ、限られた人材を情報セキュリティにばかり充てるわけにはいきません。

また日経BPコンサルティングの『ICT利用動向調査』では、「情報セキュリティ対策で困っていること」として、「相談先がない」「セキュリティ対策の範囲が広がっているのに、対応できる人材が少ない」「セキュリティ委員会はあるものの、改善に関する活動が進んでいない」といった回答も寄せられており、社内のリソースだけで情報セキュリティ管理を行うことの難しさも垣間見えます。

そこで重要となるのが、信頼できるパートナーとの関係づくりです。

情報セキュリティに関する課題は、組織体制からルールづくり、技術的なことまで多岐にわたります。また、企業規模や業種、扱う情報の種類によって適切な対策が異なることから、最適なパートナーも異なります。

ICT導入や運用を、システムインテグレーターなど外部の専門企業に委託している企業も多くあります。そうした普段から付き合いのある自社ICT環境に詳しい企業をパートナーに選び、情報セキュリティ対策の運用管理も委託するというのも選択肢の一つですが、そうしたパートナー企業のすべてが情報セキュリティ対策を得意としているとは限りません。

パートナー企業を選定する場合、判断するポイントがいくつかあります。例えば、情報セキュリティ関連の資格を持つ技術者の在籍数は、その企業の技術力を判断する目安の一つになります。また、委託予定の業務における人員の配置、対応時間、サービスの提供年数なども判断の基準になります。さらに、サービスの提供実績も重要です。その場合は実績数だけでなく、自社と似た業種・業態、ＩＣＴ環境の企業に対する実績がどのくらいあるかも注目しましょう。

そのほか、対応マニュアルの有無は、手順の見える化やノウハウの蓄積・共有が行われているかどうかを判断する基準にもなるので確認しておくとよいでしょう。当然、委託先としてどのような情報セキュリティポリシーを策定しているかもチェックすべき項目です。

より高度な情報セキュリティ管理が必要と判断した場合には、情報セキュリティ専門企業が提供するＳＯＣ（セキュリティ・オペレーション・センター）というサービスを利用するという選択肢もあります。ＳＯＣとは24時間３６５日の監視体制でサイバー攻撃の検出や分析を行い、障害や不正アクセスがあれば即座に報告してくれるサービスです（サービス内容は契約によって異なります)。問題発覚が早ければ、被害を最小限に食い止めることができるため、情報セキュリティ対策としては有効なサービスです。

さらに、行政のサポートを受けるという選択肢もあります。例えば、東京都は情報セキュリティに関する相談窓口として「東京中小企業サイバーセキュリティ支援ネットワーク(Tcyss[*3]/ティーサイス)」を設置しています。Tcyssでは、警視庁、東京都、東京商工会議所、IPA、セキュリティベンダーなどが連携し、中小企業の情報セキュリティ対策の強化と支援、情報共有などを行っています。こうした行政サポートの利用も、中小企業の情報セキュリティ対策では有効です。

企業の情報セキュリティ対策で最も重要なのは、経営者自身が情報セキュリティを経営課題として捉え、リーダーシップを発揮して取り組むことですが、知見やリソースが不足する場合は、適切な外部のパートナーを選定し、連携を図ることで、実効性のある情報セキュリティ対策が実現できます。

*3 Tcyss:Tokyo Cyber Security Support network for small and medium enterprises

Part 4
Special Interview

中小企業の実例から学ぶ情報セキュリティ対策

多くの業務にＩＣＴが活用されるようになった現在、情報セキュリティ対策は企業規模にかかわらず取り組むべき重要事項になっています。では、実際に企業はどのような対策を行っているのでしょうか。本パートでは中小企業にＩＣＴ活用や情報セキュリティの啓発活動を行っている「東京商工会議所」や、情報セキュリティに積極的に取り組んでいる企業「中川株式会社」「株式会社ダイワ・エム・ティィ」、企業向け情報セキュリティセミナーなどを開催している「株式会社福島情報処理センター」へインタビューを実施。実例を通して情報セキュリティリスクに対する危機感や活動内容を紹介します。

Special Interview 01

東京商工会議所

中小企業だからこそ真剣に向き合うべきICT活用と情報セキュリティ対策

東京商工会議所は、東京23区内の大企業から中堅・中小企業、小規模事業者まで約8万を超える会員（商工業者等）で構成される民間の総合経済団体だ。商工業の健全な発展と社会福祉の増進を目的に、政策提言・要望活動、経営支援活動、地域振興活動など幅広い活動を展開する。そして、中小企業の経営に欠かせないICT活用や情報セキュリティの啓発活動にも力を入れる。地域振興部の2人に中小企業のICT活用と情報セキュリティ対策の現状について聞いた。

東京商工会議所

1878（明治11）年、日本の資本主義の父・渋沢栄一初代会頭の下で設立。以来、東京23区に事業所を持つ法人、個人、団体で構成される地域総合経済団体として、幅広い活動を展開している。

- URL：https://www.tokyo-cci.or.jp/
- 本部：東京都千代田区丸の内3-2-2 丸の内二重橋ビル
- 設立：1878年
- 会員数：80634件
（2019年3月31日現在）

挑みつづける、変わらぬ意志で。
東京商工会議所

中小企業の「個別支援」活動も東商の特徴

中小企業は、「人手不足への対応」「生産性向上」「事業承継」といったさまざまな課題を抱えている。こうした構造的な課題を解決するのは企業単独では難しい。

東京商工会議所（以下、東商）では、企業が活力を維持し円滑な経営を実現できるよう、景況調査などを通じて会員企業の声を集め、国や都といった行政や政治に対して政策提言・要望活動を行ってきた。

また、経営支援活動では、中小企業・小規模事業者向けの経営相談や資金調達、販路開拓の交流会、人材採用・育成、共済・福利厚生などの活動を通じ、経営改善と新たな成長に向けて挑戦する企業を支援する。地域振興活動としては23区に設置された支部で、観光やビジネスの推進をはじめ、地域経済を活性化するためのさまざまな活動を続けている。

東商の活動の特徴について、地域振興部生産性向上担当課長の長濱正史氏は次のように話す。

「東商の特徴は大企業だけでなく、中堅・中小企業、小規模な企業まで、業種を問わず幅広い会員で構成される地域総合経済団体であることです。ほかの経済団体と異なり、企業の個別支援を行っているのも特徴です」

中小企業の半数がITツールを活用していない

東商の地域振興部は、中小企業を対象にITを活用した生産性向上の調査研究や政策提言、啓発活動などを担っていることから、その動向に詳しい。企業経営でICTの活用は不可欠となっているが、現状はどうなのだろうか。東商が実施した『中小企業の経営課題に関するアンケート』（東商・中小企業委員会2019年3月）に、中小企業のIT利活用の実態が垣間見える。

「ITツールを活用している」は51・3%で、前年（50・8%）に比べてもほとんど変わらない結果が示された。こ

東京商工会議所
地域振興部
生産性向上担当課長
長濱 正史 氏

のアンケートでのITツールとは、スマートフォンやタブレット端末の配布など、従業員が場所を選ばずに仕事ができる環境の整備や、勤怠・給与システムの導入による効率化を例示している。

このアンケート調査の結果を見る限り、中小企業の半数はITツールを活用していないことになる。アンケートでは「今後活用するつもり」と導入に前向きな経営者が20・6％いる一方、「活用したいが、活用できない」と答える経営者も14％おり、企業規模や企業の事業内容によって考え方は異なるようだ。

中小企業庁の『2018年版中小企業白書』に掲載されている「人手不足対応に向けた生産性向上の取組に関する調

東京商工会議所
地域振興部
副主査
黒田 直幹 氏

査」に、興味深いデータが示されている。ITの導入・利用を進める際の課題として、「コストが負担できない」「導入効果が分からない、評価できない」「従業員がITを使いこなせない」「業務内容に合ったIT技術や製品がない」「IT導入の旗振り役が務まるような人材がいない」「適切なアドバイザーなどがいない」といった中小企業の悩みの声が寄せられている。

経営者の理解不足や思い込みがICT活用を阻害

中小企業のICT活用の状況について、長濱氏は次のように見ている。

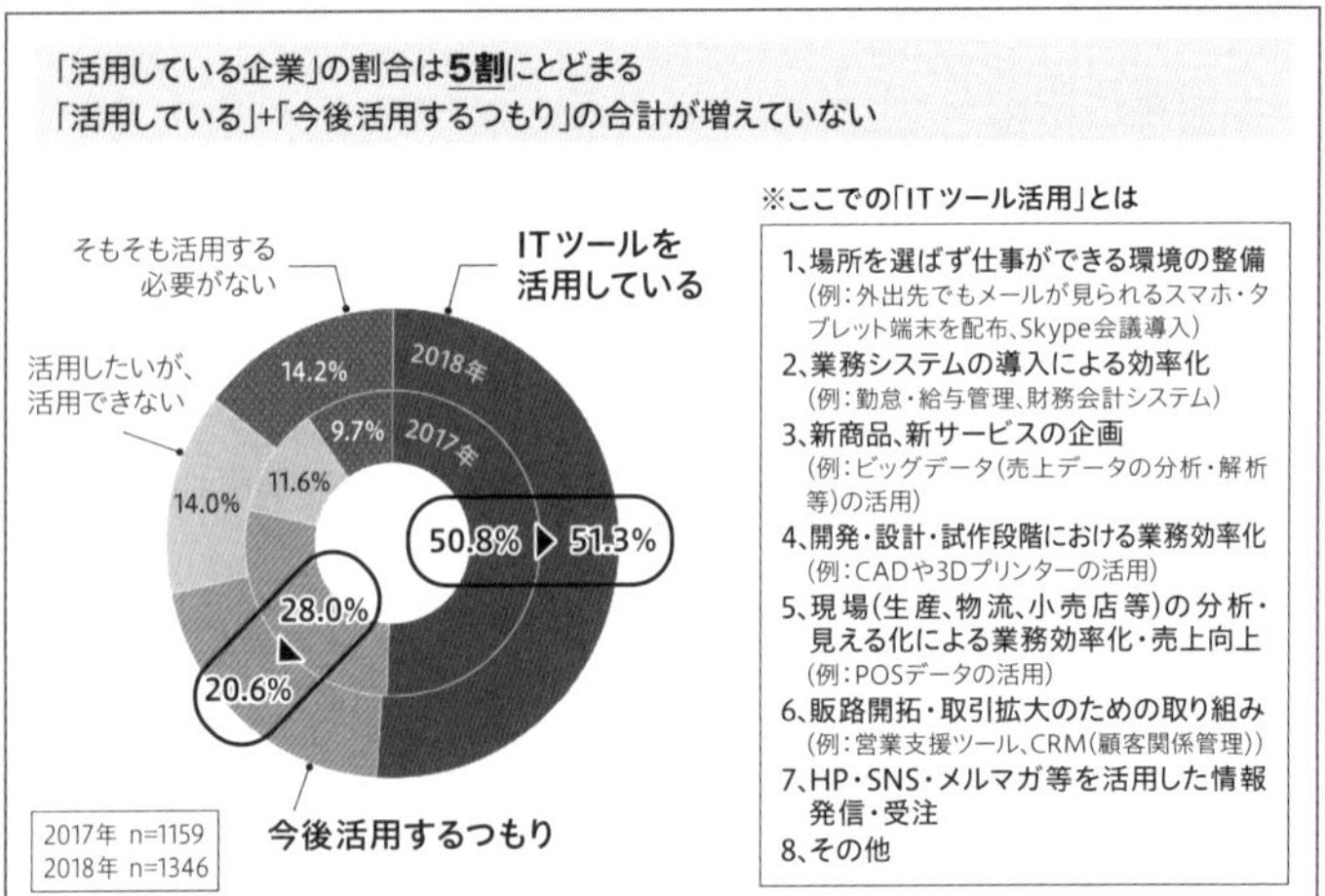
「活用している企業」の割合は5割にとどまる
「活用している」+「今後活用するつもり」の合計が増えていない
そもそも活用する必要がない
ITツールを活用している
活用したいが、活用できない
14.2%
2018年
9.7%
2017年
11.6%
14.0%
50.8% ▶ 51.3%
28.0%
20.6%
今後活用するつもり
2017年 n=1159
2018年 n=1346
※ここでの「ITツール活用」とは
1、場所を選ばず仕事ができる環境の整備
(例：外出先でもメールが見られるスマホ・タブレット端末を配布、Skype会議導入)
2、業務システムの導入による効率化
(例：勤怠・給与管理、財務会計システム)
3、新商品、新サービスの企画
(例：ビッグデータ(売上データの分析・解析等)の活用)
4、開発・設計・試作段階における業務効率化
(例：CADや3Dプリンターの活用)
5、現場(生産、物流、小売店等)の分析・見える化による業務効率化・売上向上
(例：POSデータの活用)
6、販路開拓・取引拡大のための取り組み
(例：営業支援ツール、CRM(顧客関係管理))
7、HP・SNS・メルマガ等を活用した情報発信・受注
8、その他

中小企業によるITツールの活用状況
出所：東京商工会議所『中小企業の経営課題に関するアンケート（中小企業委員会2019.3)』

「コストの懸念について、最近は低コストで利用できるクラウドサービスも登場していますが、経営者はそうした情報に対する理解が足りないのかもしれません。導入効果についても、小規模だからICTが不要、効果が分からないという経営者の思い込みもあると思います」

コスト面では、中小企業のIT導入を支援する国の施策の一つに「サービス等生産性向上IT導入支援事業（IT導入補助金）」がある。同事業の目的は、中小企業・小規模事業者が自社の経営課題やニーズに合ったITツール導入の経費の一部を政府が補助することで、業務効率化、売上アップといった経営力の向上、強化を支援するものだ。具体的には、経理などの日常業務を効率化させるITツールや、顧客情報を一元管理するクラウドシステムといった汎用的なITツールの導入に活用できる。「このIT導入補助金を利用した企業は、売り上げの増加や勤務時間の短縮などにより、あらゆる業種で生産性が向上したという報告データもあります。業務効率化や生産性向上が課題の中小企業や小規模事業者こそ、経営者は積極的にITを活用すべきです」と長濱氏はITツール導入の効用を話す。

導入には経営者への強力な理由付けが必要

「経営にICTが大切なことは理解していても、経営者の心を揺さぶるような動機がなければなかなか導入に至りません」。こう指摘するのは、同部副主査の黒田直幹氏だ。

例えば、働き方改革で注目されるテレワークは、ワーク・ライフ・バランスの推進や、東京五輪開催時の交通渋滞の緩和などを受けて、国や都ではテレワークの実施を企業に呼び掛けている。テレワークの採用では、どこでも仕事ができる環境を構築するために、モバイルデバイスやクラウドサービスといったＩＣＴの活用が必要になる。

この導入を中小企業の経営者が決断するには、例えばベテラン社員が親の介護で離職せざるを得ない状況に直面するなどの強い動機が必要になるという。

「会社にとって貴重な人材を引きとめるには在宅勤務を認める必要があるため、ＩＣＴの導入を決意するわけです。経営者がＩＣＴの導入に踏み切るには動機が必要で、その動機はＩＣＴそのものではなく、経営課題の解消というケースも少なくありません」(黒田氏)

情報セキュリティ対策についても同様に、セキュリティ製品やサービスの導入・強化を経営者が決意する強い動機付けがポイントになるという。

長濱氏は情報セキュリティに対する中小企業の現状を次のように説明する。

「どの業界の経営者も、情報セキュリティ対策が大切なことは否定しません。『それでは、いつやりますか？』とお聞きすると、皆さん即答できません。業績向上に直結しないため、投資の優先順位が低いのが実情なのです」

標的型攻撃メール訓練でも開封率が高い経営層

こうした状況を変えるには、情報セキュリティリスクを実感してもらうことが必要だ。そこで、東商では従業員数が100人以下の会員企業の経営者・従業員を対象に、2019年5月に「標的型攻撃メール訓練」を実施した。

あらかじめ公募した訓練対象者に、訓練用の標的型攻撃メールを送信することを予告した上でメールを送信。560件の送信数のうち、開封率は25・4%だった。同様の訓練を実施した従業員数が100~300人の企業と比較して10ポイント弱、301人以上の企業と比較すると15ポイントほど開封率が高かったという。また、参加者の役職別で比較すると「経営者・経営幹部」の開封率は33・3%、肩書あり（経営者・経営幹部以外）が21・8%、肩書なしが27・9%となっている。標的型攻撃メールは、取引先などを装った攻撃者が悪意のある添付ファイルなどを送り付ける。それとは知らずにメールを開いてしまうとウイルスに感染し、社内の機密情報が盗まれるリスクがある。こうしたサイバー攻撃の対象は大企業から、対策が手薄な中小企業や小規模事業者へと広がっている。

日ごろから送信先が不明なメールは開かないといった注意喚起を徹底していないと、標的型攻撃メールの被害に遭うリスクもある。「具体的な取り組みの経験がないと、標的型攻撃メールは危ないといっても実感はありません。東商では今後も継続的に標的型攻撃メール訓練を実施するなど、啓発活動を続けていきます」（黒田氏）

標的型攻撃メールに限ったことではないが、近年サイバー攻撃の手口は巧妙化、複雑化していることも対策を難しくしている。

「攻撃の巧妙化により、水際で食い止めることが難しくなっています。サイバー攻撃で社内システムが破られないようにする事前対策だけでなく、万が一、破られた場合にどのように対処するのか。事後対策も考えておく必要があるのです」と黒田氏はアドバイスする。

中小企業の情報セキュリティ対策の相談・情報共有を支援

企業は情報セキュリティにおいて、インシデントが発生しないように努めなければならない。どの企業もサイバー攻撃を受ける可能性があり、それによってどのような被害が発生するか、それを防ぐためにどのような対策を行うかといった調査や、セキュリティ製品・サービスの導入のような事前対策は不可欠である。だが、どれだけ対策を講じたとしても脅威を100％防ぐことは難しい。サイバー攻撃によって社内システムが停止し、自社業務の停滞や取引先への影響など広範囲に及ぶこともある。インシデントが発生した際の事後対策、再発防止策まで考えられれば理想だ。中小企業の場合、情報セキュリティに熟知した人材を確保するのは難しく、とても事後対策まで手が回らないという意見もあるが、情報セキュリティの事故対応費用などを補償してくれる保険も登場している。事前対策に加え、「事後対策としては情報セキュリティリスクに備えた保険も、選択肢の一つになります」(黒田氏)。

東商では、今後もさまざまな活動を通じて情報セキュリティの啓発活動を続けていくという。

東商などの中小企業支援機関と東京都、警視庁、サイバーセキュリティ企業・研究機関が連携し、都内の中小企業の情報セキュリティ対策を支援する「東京中小企業サイバーセキュリティ支援ネットワーク」(Ｔｃｙｓｓ)の活動もその一つだ。中小企業に対する情報セキュリティ意識の啓発活動や情報共有、相談対応、事案発生時の相互連携などを行う。

中小企業にとって、今やサイバー攻撃は対岸の火事ではない。経営者が情報セキュリティのリスクと真剣に向き合い、経営の最重要課題の一つとして情報収集や意識向上に努めることが対策の第一歩になるだろう。

Special Interview 02

中川株式会社

ICTを活用した販売革新と徹底した顧客情報管理対策

1910（明治43）年の創業以来、祭り用品の企画・製作・販売を一貫して行ってきた東京・浅草にある中川。「お客さまの顔が見える商い」を社訓の一つに掲げる同社は、インターネットが普及し始めた1998年ごろからICTを導入。受発注や顧客管理でもICTを活用し、業務効率および生産性の向上を実現させた。同時に、重要な顧客管理データを守る情報セキュリティ対策にも力を入れている。日本の伝統文化を守り、新たな挑戦を続ける同社社長の中川雅雄氏に聞いた。

中川株式会社

業務内容は祭り用品の企画・製作・販売。創業時から「商いは飽きない」「お客さまの顔が見える商い」「日本伝統文化の継承」の三つを社訓とする。

- URL：https://www.nakaya.jp
- 本　店：東京都台東区浅草2-2-12
- 創　業：1910年
- 代表取締役社長：中川雅雄氏
- 従業員数：約30人

— 祭用品専門店 Since 1910 —
浅草中屋®
www.nakaya.co.jp

老舗が挑戦し続けてきた販売チャネルの多角化

アジアや欧米などからの外国人観光客で賑わう東京・浅草。東京を代表する観光スポットの浅草寺・浅草神社のすぐそばに中川が運営する祭り用品店「浅草中屋」がある。同社が扱う祭り用品は、祭り衣装や履物、袢天《はんてん》、小物、誂えなど多品種にわたり、オリジナル用品も多い。

日本の伝統行事・祭りには「祈る、願う、感謝する」という日本人の心が表れているという。「日本各地の祭りを活性化させ、貴重な日本の文化を守り、伝えていくことが私たちの使命です」。こう語るのは中川の三代目社長・中川雅雄氏だ。

同社は創業110年の老舗として長い伝統を守りつつ、販売方法を革新してきた歴史がある。店舗販売に加え、百貨店などでの催事販売もその一つだ。豊富な品揃えを誇るものの、販売では祭り用品ならではの課題もあったという。

東京の祭りを代表する浅草神社例大祭の三社祭や神田明神の神田祭は5月、日枝神社の山王祭や鳥越神社の鳥越祭は6月に開催される。そして各地域の神社の祭りは、秋に行われることが多い。

つまり1年のうち、祭り用品が売れるのは春から初夏と秋に集中する。売れるシーズンが限られていたのだ。「ところが東京から全国に目を向けると、1年を通じてどこかで祭りが行われています。そこで、先代は全国各地の百貨店の催事コーナーを借りて祭り用品を販売するようになったのです」(中川氏)。この取り組みによって売り上げは拡大。現在は北海道から九州まで、各地域の百貨店や公会堂などで行う催事販売は、店舗販売と並んで浅草中屋の重要な販売チャネルになっている。

手書き伝票から顧客管理システムへ大転換

もう一つの販売チャネルが、通信販売(カタログ販売)である。中川氏は大手

中川株式会社
代表取締役社長
中川 雅雄 氏

出版社の編集者から家業・中川に入った。カタログ販売は、中川氏が経営に携わるようになった30年以上前に始めた。中川氏は入社以来、時代の変化を先取りする経営革新に挑戦してきた。今でこそ、インターネットでのオンラインショッピングは当たり前になっているが、かつては電話やファクスを利用したカタログ販売が主流だった。現在のようにパソコンは普及しておらず、顧客管理台帳も手書きで作成していたが、受注した商品を顧客の祭りの開催時期までに完成・納品する工程管理を人の手作業で行っていては限界がある。

「当時は、催事を行う百貨店や顧客から、前回と同じ商品を注文したいと電話で伝えられても、過去の顧客台帳をめくって探さなければならず、即答できませんでした。カタログ販売を始めるためには、まず注文受付を管理する受発注システムや顧客管理システムの導入が必要でした」（中川氏）

前職の関係でＩＣＴの知識を蓄えていた中川氏は米国製のオフィスコンピューター（オフコン）を導入し、自前でソフトウェアを開発。業務の拡大に合わせて顧客情報のデータベース化や在庫管理システム、販売管理システムなどの導入を進めてきた。

同社の「お客さまの顔が見える商い」の一端は、ＩＣＴが担っている。受注した祭り用品を、全国に効率よく届ける最適なサプライチェーンを確立するためにも、ＩＣＴが欠かせないものだという。さらに、ＩＣＴを導入してから生産性は向上し、20年前と比べて売上高は6倍に増えている。

顧客情報の保護は経営の最重要課題

浅草中屋の顧客は全国にいる。祭り用品を購入したくても、浅草中屋の店舗まで足を運べない人も多い。そのような人たちのために提供しているのが、インターネットを介したオンラインショップだ。同社がオンラインショップに乗り出したのは20年ほど前で、ネットビジネスでも老舗といえる。店舗、催事、オンラインショップと販売チャネルが広がったため、同社のデータベースで保有する顧客情報も膨大なものになった。蓄積した顧客情報がビジネスの源泉であるだけに、中川氏は「顧客情報保護は経営の最重要課題」と強調する。

インターネットなど外部ネットワークに接続せずにオフラインでパソコンを使っていた時代には、外部から不正侵入されるリスクもなく、情報セキュリティにそれほど気を遣わなくても済んだ。だが、インターネットと社内や店舗内のネットワークがつながるようになったことで、状況は大きく変わった。

インターネットを介したウイルス感染やサーバー攻撃などが、ビジネスリスクになり始めたのだ。情報セキュリティ対策が脆弱で、万が一サイバー攻撃を受けてシステムが止まったり、顧客情報が流出してしまったりという事態を招けば、業務がストップするだけでなく、長い時間をかけて築いてきた顧客からの信頼まで失ってしまう。そのため、オンラインショッピングの推進と並行して、情報セキュリティ対策にも力を入れてきた。

当初は、インターネットと店舗内のネットワークをつなぐデータの出入口（ゲートウェイ）にウイルス対策などのセキュリティ機器を設置して、外部からの攻撃を防御していた。こうしたゲートウェイレベルの対策は、例えば事務所の玄関に鍵をかけるのと同じで外部からの侵入防止には効果がある。だが、ひとたび事務所内に入り込まれてしまうと、玄関で戸締まりをしていても金庫の鍵を開けられるリスクもある。

外部メディアでウイルス感染の落とし穴

例えば、USBメモリーやCD-ROMといった外部メディアだ。浅草中屋は、顧客からデータ化されたデザイン案などをそうした外部メディアで預かることも少なくない。顧客が使っているパソコンがウイルスに感染していた場合、預かった外部メディアにウイルスが混入していて、浅草中屋のシステムまで感染してしまうこともある。

過去には、実際に顧客から送られてきた外部メディアを店舗のパソコンで開いたことで、ウイルス感染してしまった苦い経験もしている。完全復旧は、2週間程度かかったという。「ウイルス対策をしているから大丈夫だと思っていましたが、外部メディアは落とし穴でした。ネットワークの出入口の対策だけでは不十分なのだと思い知りました」と中川氏は振り返る。こうした経験から、現在は外部メディア専用のパソコンを用意し、ウイルスチェックをしてから、業務用のパソコンでデータを開く仕組みにしている。また、店舗のすべてのパソコンにウイルス対策ソフトを導入し、メールの添付ファイルは暗号化して送るなど情報セキュリティ対策を強化した。

紙の伝票もシュレッダーをかけて顧客情報を保護

情報セキュリティ対策ではシステムと人の両面で対策を講じることも重要だ。浅草中屋でも、顧客情報や売上情報など経営に関わる情報へのアクセスを特定の社員に限定するなど、人的な対策についても徹底している。サーバーへのアクセスといったパソコンでの操作だけでなく、店舗のPOSレジの操作や店舗内の入退室なども、ログ（履歴）を残している。万が一サイバー攻撃などを受けた場合に、ログが残っていれば、いつ、どこで、何があったのかという原因究明に役立てられるからだ。

情報漏洩などのリスクは、サイバー攻撃やパソコン、タブレットの盗難・置き忘れといったシステムの利用に関わることだけではない。書類や伝票などの重要書類の紛失、パソコンやスマートフォンの置き忘れといったヒューマンエラーでも、顧客情報などの情報漏洩は発生する可能性がある。そこで同社では、社外で業務をすることが多い営業担当者のパソコンや、店舗での受発注や在庫管理などに利用するタブレット端末に対し、盗難・紛失時に遠隔操作で端末内のデータを消去できるモバイル端末管理ソフトを導入している。

対策はICTに関するものだけではない。店舗・倉庫では、顧客からの注文を確認、発送業務などを行うために紙の伝票、書類を利用する。例えば、袢天をあつらえる場合、受注から納品までに2～3カ月かかる。顧客から途中でデザインの変更を伝えられることもあるが、そうした変更はシステムに履歴を残すだけでなく、紙の伝票にも記録を残して間違いがないようにチェックする。こうした伝票などから情報漏洩が起きないように、取り扱いには細心の注意を払っているという。

「こうした紙の伝票には、顧客の氏名や連絡先などの個人情報が書かれています。商品を発送し、案件が終了した後は、必ずシュレッダーにかけて廃棄することで顧客情報などの情報漏洩を予防しています」（中川氏）

新クラウドサービスを契機にPマーク取得へ

浅草中屋は、新しいサービスのスタートを機に、プライバシーマーク（Pマーク）の取得に向けて社内体制を整備している段階だ（2019年8月現在）。「Pマーク取得を機に、社内の個人情報の取り扱いや情報セキュリティ体制を見直すよい機会にもなっています」（中川氏）。新しいサービスは、祭りを主催する全国の神社や町内会など、オリジナルの袢天の注文が多い同社の重要な顧客を対象にしたものだ。同社から納品した袢天は、神社や町内会から祭りの参加者に貸し出されるケースも多いが、いつ、誰に、どの袢天を貸し、いつ返却されたのかといった管理が煩雑になるという。

「こうした貸出管理を支援するクラウドサービスを開始します。神社や町内会に納品する袢天には協力会社でＩＣタグを組み込み、ＩＣタグの読取装置と管理用パソコンを貸し出す仕組みです。データはクラウドで管理しますし、貸出や返却の作業も効率的に行えるようになります」（中川氏）

「楽祭人（らくさいじん）」の名称が付けられたこのクラウドサービスは、将来は袢天の貸出管理にとどまらず、神社運営に関わる分野でも効率化できるクラウドサービスへと発展させていく予定だ。このサービスが始まれば、多くの個人情報を取り扱うことになる。さらなる情報セキュリティの強化も必須になるため、Ｐマークの取得を決断したという。

そのほかにも浅草中屋は、手書札や提灯などを対象にインターネットでさまざまなデザインが簡単に作成できる「浅草中屋・誂えシミュレーターＮＡＫＡＹＡ ＦＡＣＴＯＲＹ」を展開。オリジナルのデザインを注文できるシステムを開発するなど、ＩＣＴを活用した独自のサービスを提供してきた。

新たに楽祭人クラウドサービスの提供により、日本の伝統文化である「祭り」の活性化に貢献する。ＩＣＴ活用と情報セキュリティ対策に先駆けて取り組んできた浅草中屋の取り組みは、他業種でも参考になる好例である。

文字を入力するだけで簡単にデザインできる「NAKAYA FACTORY」

Special Interview 03

株式会社ダイワ・エム・ティ

情報セキュリティの管理は受注・失注にも直結する

自動車の開発業務に必要なデザインデータ作成やCAD／CAM、量産用樹脂型製作などを手掛けるダイワ・エム・ティ。1916（大正5）年の創業以来、100年以上にわたり培ってきたモノづくりの実績とノウハウをベースに、職人の技と最先端技術を融合した高品質の製品を提供してきた。同社が製作する自動車のデザインデータなどは、自動車メーカーにとって最高機密情報になる。万一、情報漏洩事故が起きれば企業の存続に関わるため、徹底した情報セキュリティ管理を進めている。

株式会社ダイワ・エム・ティ

長年のモノづくりの実績と経験をベースに職人の技と最先端技術を融合した製品を提供する。デザイン開発、組立などの部門を立ち上げ、デザインデータから試作型・量産型・設備機械まで一貫して受注できる体制を整えている。

- URL：https://www.daiwa-mt.co.jp/
- 本　社：静岡県富士市大淵539
- 設　立：1943年8月
  （創業1916年3月）
- 資本金：1000万円
- 従業員数：55人

取引先のICT化に合わせて最新技術を導入

世界に誇る日本のモノづくりを支えているのは、優れた技術力を持つ中小企業だ。静岡県富士市に本社を構えるダイワ・エム・ティもそうした会社の一つ。同社の創業は1916（大正5）年で、先々代が清水市で船舶用エンジンの木型製作所としてスタートし、その後、製紙関連、自動車関連の木型を製作するようになった。現在は、自動車のデザインデータ作成やデザインモデル製作、CAD／CAM、木型に代わる樹脂型製作、自動車内装部品の製作などを行っている。

「当社はモノづくりに対する長年の経験とノウハウがあり、これが大きな強みになっています。そして、デザインデータ、デザインモデルの製作から生産設備の設計・開発、生産・組立まで一貫した体制で対応できることが特徴です」と代表取締役社長の和久田惠子氏は胸を張る。

同社の主要取引先は、国内の自動車メーカーや自動車部品メーカーだ。取引先のICT化の波や自社の業務拡大に合わせて、その時々の最先端技術を導入してきた歴史がある。2001年にはデザイン開発部を開設。3次元CAD／CAMを活用した設計業務を行うようになった。

また、2007年には、神奈川県厚木市にデザインデータセンターを開設。自動車メーカーのデザイン部門から提供されたスケッチやモデル計測データなどの情報を基にデザインデータを作成するなど、自動車メーカーのデザイン開発を支援している。

万全のセキュリティが要求されるデータの取り扱い

同社にとって、CAD/CAMなどのICT活用とともに重要なのが、情報セキュリティである。自動車メーカーや部品メーカーから提供されるデータは高度な機密情報であるため、ダイワ・エム・

株式会社ダイワ・エム・ティ
代表取締役社長
和久田 惠子 氏

ティのような取引先にも万全の情報管理とセキュリティ対策が要求される。

以前は、デザイン開発部で作成したデザインデータを、インターネットを介さずにCD-ROMなどの外部メディアに保存して、担当者が部品メーカーに持参していた時代もあったという。その後、各取引先の要望に応じ、安全性の高い専用回線を利用するようになったことで、外部メディアをわざわざ持参することなく効率的なデータ伝送が可能になった。現在はストレージサービスを活用して、クラウド上でデータをやりとりするなど、ICTの活用によって業務のスピードアップと効率化を実現している。

和久田氏はICTと情報セキュリティの取り組みについて次のように語る。

「昨今では、積極的にICTに対応していかなければ、取引先と円滑な業務を進めることはできません。そして、情報セキュリティ対策を疎かにすると一気に信用をなくし、仕事を失ってしまいます」

取引先からは、どのような情報セキュリティツールを使っているのか、機密情報を扱う部屋の入退室管理は安全かなど、情報セキュリティ対策について厳しくチェックされる。

自動車メーカーのデザイン業務を支援するデザインデータセンターでは、関係者以外に作業が盗み見されないようにするため、部屋のシェードまで指示された。さらに、対策を行って作業環境が改善されるまで、そのメーカーから仕事の依頼はなかったという。それほど、自動車メーカーが求める情報セキュリティ対策は徹底している。

デザインデータなどの機密情報を守るため、各取引先とは秘密保持契約を締結する。自社の従業員に対しても、就業規則の中で秘密保持契約の誓約書を提出するように徹底している。機密情報は電子的なデータだけでなく、紙や写真などの媒体やスマートフォンで撮影されるなどして、外部に流出するリスクもある。場合によっては業務内容がSNSに投稿されるような事態も想定される。そこで、同社では出社後は従業員各自のロッカーにスマートフォンを保管するルールにしている。

パソコンがランサムウェアに感染

情報セキュリティ対策を強化するといっても、中小企業の場合、専任のICT担当者や情報セキュリティ担当者を配置するのは難しいのが実情だ。ダイワ・エム・ティでも、デザイン開発部に勤務するICTに詳しい従業員が情報セキュリティの担当を兼務している。

サイバー攻撃の変化に応じて、情報セキュリティ対策用の機器やソリューションも進化している。新たな製品の導入は、担当者からの提案を受けた後、稟議にかけて社長が決裁する。「規模が小さい会社なので多額のコストはかけられませんが、可能な範囲で情報セキュリティ対策を強化するように心掛けています」と和久田氏は話す。

和久田氏は「ＩＣＴ全般について、詳しいというわけではない」と話すが、取引先の機密情報を預かる企業の経営者として、情報セキュリティには人一倍気を遣ってきたという。日ごろから、送り主が分からないメールは不用意に開かないといった対策を実践していたが、思わぬ失敗もあった。会社の一台のパソコンが、サイバー攻撃のランサムウェアに感染してしまったのだ。

ランサムウェアとは、攻撃者がパソコン内のデータを暗号化して「人質」に取り、データ復号化のために「身代金」として金品を要求する手口のこと。ランサムウェアの感染被害は、一台のパソコンだけでなく社内ネットワークに接続された複数台のパソコンにも及んだ。ランサムウェアにいつ、どこで感染したのか調べたが、原因や経路は結局分からなかった。「ウイルス対策ソフトのアップデートが数日間行われておらず、そこを狙われたのかもしれません」と和久田氏は振り返る。業務用データは毎日バックアップする規則だったため、幸いなことにデータはすぐに復旧できたが、和久田氏にとっては苦い経験となった。

「最近は複合機などもネットワークにつながるようになっているため、思いがけないところに感染リスクがあります。情報セキュリティに関するリスクは広がっており、リスクを把握して対策を講じることは、まさに経営課題そのものとなっているのです」と和久田氏は危機感を募らせる。

標的型攻撃メール訓練で社員の情報セキュリティ意識を高める

自動車メーカーからの依頼を受けている同社では、取引先が来社してデザイン開発部が作成したCADデータなどを見ながら打ち合わせをすることもある。以前、海外の取引先が来社した際、その人が持参したパソコンを社内ネットワークに接続したところ、そのパソコンがウイルス感染していたことが判明した。社内に感染が広がることはなかったため大事には至らなかったが、改めて情報セキュリティ対策が重要であることを実感したという。その後は、外部の人のパソコンを社内ネットワークに接続することは禁止し、ゲスト用パソコンを用意している。

情報セキュリティ対策ではシステムの強化だけでなく、人への対策も重要になる。いくら情報セキュリティ機器を導入しても、人がルールを守らなければ抜け穴となってしまうからだ。ダイワ・エム・ティではファイアウォールやウイルス対策ツールの導入など、システム側で強化するとともに、社員の情報セキュリティへの意識向上に努めている。社員には情報セキュリティ対策ツールのアップデートを確実に行うよう徹底しているほか、不審なメールを開かないよう、全社員を対象に標的型攻撃メールを疑似体験する「標的型攻撃メール訓練」を実施している。

新入社員に対しても、入社直後の4月と半期が過ぎた10月の年2回、全社員を集めた全体会議を実施して、社長自らが取引先との情報セキュリティの重要性を説いている。

全体会議では、パソコンやメールの取り扱いなどの注意事項のほか、社員のSNSの使い方についてもテーマにしている。SNSの何気ないつぶやきや、投稿した写真が炎上して、社会問題になることを受けてのことだ。

「SNSで担当している仕事の内容をつぶやくなど、本人には悪気がなくても情報漏洩につながるリスクもあります。それが実際に情報漏洩事件になったら、多大な賠償責任が発生するだけでなく、会社の信頼という無形の財産まで失うことを社員に伝えています。コンプライアンスを含め、社員の情報セキュリティへの意識を改革する取り組みを進めることも、経営者の役割だと思います」(和久田氏)

災害に備えたデータバックアップ体制を整備

同社では、繁忙期になると協力会社へ仕事を依頼することがある。そうした協力会社との間での情報セキュリティ対策も、課題の一つだと和久田氏は指摘する。自動車メーカーや自動車部品メーカーとは先方の要望に応じて情報セキュリティ対策を講じているが、ダイワ・エム・ティから仕事を依頼する協力会社の多くは企業規模が小さい。情報セキュリティ対策にはコストがかかるという意識があるため、対策には消極的なことも多いという。とはいえ、協力会社から機密情報が外部に漏れるような事態が発生することになれば、発注元であるダイワ・エム・ティの責任も免れない。データの受け渡しには、CD－ROMに保存して直接手渡ししたり、安全なストレージサービスを利用したりするなど、細心の注意を払っている。

企業がビジネスを進めるに当たって必要な情報を脅かすリスクは、サイバー攻撃などの情報セキュリティだけではない。中でも自然災害は、大きなリスクの一つだ。ダイワ・エム・ティのある静岡県富士市は駿河湾に面しており、将来、東海地震の発生が懸念される地域でもある。

自動車メーカーに限らず、大規模な自然災害によってサプライチェーンの部品供給が滞り、製品の生産停止を余儀なくされた例は少なくない。こうした前例もあり、同社では取引先から大規模な自然災害に備えたデータのバックアップ体制について指摘されることもあるという。

現在は、本社とデザインデータセンターの両拠点で相互にデータをバックアップする体制を整備することで大規模な自然災害へのリスクに対処しているが、今後はクラウドサービスを利用したデータバックアップも検討していく考えだ。

「経営ではBCP（事業継続計画）が重要ですが、私たちの場合、データさえあればどうにか事業は継続できます。そのためにも情報セキュリティ対策を含め、データを確実に管理できる体制を整えられるように予算計画を立てています」（和久田氏）

同社では製品・サービスに関わる品質マネジメントシステムの国際規格、ISO9001を取得している。「国際規格を取得していれば取引先も仕事を依頼しやすくなります。情報セキュリティに対する取り組みは品質管理に似ており、自社の対策を対外的にアピールしたり、取り組みの説明責任を果たしたりすることで、取引先も安心できると思います」と和久田氏は話す。

長年の経験とノウハウ、高い技術力に加え、情報セキュリティを含め、取引先との信頼関係を確立する。これが、ダイワ・エム・ティの競争力の高さを物語っている。

Special Interview 04

株式会社福島情報処理センター

安全・快適なICT環境と情報セキュリティを提案

1965年の設立以来、福島情報処理センターは地域に密着した情報処理サービス事業者として福島県内を中心に地方公共団体や民間企業のさまざまな業務を支援してきた。自社データセンターでのハウジングサービスやパッケージ販売、システム開発などの事業に加え、新たに情報セキュリティ事業部を立ち上げた。セキュリティ対策では従業員への教育が大切。そのため、企業向けの情報セキュリティ対策セミナーの開催や標的型攻撃メール訓練、セキュリティ診断サービスなどに力を入れる。

株式会社福島情報処理センター

自治体向けサービスをはじめ、企業向けサービス、医療・福祉向けサービス、自社データセンターを基盤にしたクラウドサービス、BPO（ビジネス・プロセス・アウトソーシング）などを展開する。

- URL：https://www.fic.co.jp/
- 本社：福島県郡山市桑野3-18-24
- 設立：1965年8月
- 資本金：2000万円
- 従業員数：240人

仕事のやり方が変われば情報セキュリティ対策も変わる

地域に密着した情報処理サービス事業者である福島情報処理センター（以下、ＦＩＣ）は、自社でデータセンターも運用し、自治体をはじめ地元企業に高い信頼性と安定したサービスを提供している。

ＦＩＣの橋本雅史氏は同社の強みを次のように説明する。「パッケージ販売とホスティングサービス、ネットワークサービスを組み合わせ、お客様が安全・快適にシステムを利用できるＩＣＴ環境を提供できることも大きな特徴です」

クラウドサービスの広がりを背景に、企業システムの構築・運用形態も変化している。かつては自社内でシステムを構築・運用するオンプレミスが一般的だったが、クラウドにシステムを移行する企業も増えている。さらに働き方改革の推進を背景に、社外からクラウド上のシステムにアクセスするニーズも増えている。

「社外での情報活用など、仕事のやり方が変われば、セキュリティ対策も変わります。セキュリティに関する企業の多様なニーズに対応できるように、セキュリティ専門部隊を立ち上げることになったのです」とＦＩＣの仁井田芳則氏は事業環境の変化を説明する。

２０１８年４月にソリューション営業部の中にセキュリティチームが作られ、２０１９

年4月には情報セキュリティ事業部へと改組された。技術者を含め8人の陣容で事業部はスタートした。

多彩なセミナーでセキュリティ意識を向上

企業が保有する顧客情報の流出や特定の企業を狙った標的型攻撃などのリスクが企業活動にも大きな影響を与えているが、情報セキュリティ事業部では企業の状況をどのように見ているのだろうか。

「企業のICT担当者は相当な危機感を持っていますが、経営層の関心が薄い企業も見受けられます。同じ会社でも、経営層と現場でギャップがあり、これがセ

キュリティ対策を遅らせる要因にもなっているのです」と橋本氏は指摘する。

一方、FICの小林茉美氏は、セキュリティインシデントの原因の多くは「人にあります」と話す。社員がうっかり標的型攻撃メールの添付ファイルを開いたり、重要情報が記録されたUSBメモリーを社外に持ち出して紛失したりするなど、セキュリティインシデントには人的な原因が少なくない。そのため、「社員の一人ひとりが情報セキュリティとはどのようなものか、なぜ対策が必要なのかを理解することが、情報セキュリティリスクに対して有効な対策となるのです」と小林氏は強調する。

FICではそうした「セキュリティ対

株式会社福島情報処理センター
情報セキュリティ事業部
副部長
仁井田 芳則 氏

策への理解」に着目し、企業向け情報セキュリティ対策セミナーを開催している。セミナー内容は企業の要望に合わせて決める。まず、情報セキュリティとは何なのかに始まり、情報セキュリティ対策の目的、最新脅威の動向、情報セキュリティ事故の事例、情報セキュリティ対策の方法、個人情報の取り扱いなどについて解説する。

さらにSNSで簡単に情報発信ができる半面、従業員の不用意な書き込みが会社の名誉を傷つけたり、コンプライアンスに違反したりすることもある。そこで、ネット社会におけるモラルやSNS利用の注意点などをセミナーで話すこともある。

株式会社福島情報処理センター
情報セキュリティ事業部
営業・情報セキュリティプレゼンター
小林 茉美 氏

個人情報保護に関心が高い医療・介護事業者

FICの企業向け情報セキュリティ対策セミナーの実例をいくつか紹介しよう。

以前、福島県内のある介護事業者向けに情報リテラシーのセミナーを開催したことがある。個人情報の取り扱いやインターネット利用時の注意点などを、介護業界の事例を交えて説明した。個人情報の保護や情報モラルの問題など職員に理解してほしい注意事項もセミナーという形で伝えられ、介護事業者の管理者、職員の双方から好評だったという。

また、取り扱う個人情報の量と重要性が、他業種と比べて高いのが医療分野だ。県内の医療機関からも情報セキュリティ対策セミナーが注目されている。ある病院の職員向けに院内情報セキュリティセミナーを開催。医療業界の情報セキュリティの状況やインシデントの事例を交えながら、情報セキュリティ対策や個人情報保護の目的などを説明した。

「セミナーに参加した職員様からは、セキュリティ意識を持つことが大切といった感想をいただき、各人の意識向上が組織としてのセキュリティ強化につながることをご理解いただく機会となりました」と講師を務めた小林氏は話す。

情報セキュリティ対策セミナーは企業ばかりではない。県内の広域消防組合消防本部もセミナーを受講している。消防では救急搬送された急病やケガの患者の個人情報を取り扱うことから、個人情報保護の重要性を理解する必要があるとして、消防組合の職員がセミナーに参加している。

「受講した消防組合の職員様から、『情報セキュリティの重大性が認識されずにインシデントになってしまう事例が多いことに驚き、改めて注意喚起に取り組む必要性を感じた』といった感想をいただいています」（小林氏）

いつでも受講できるオンラインセミナーを提案

情報セキュリティ対策の研修会の必要性は理解しても、勤務時間に従業員や職員を一堂に集めて実施するのは困難なケースも少なくない。そこで、FICではICTを活用したオンラインセミナーを提案し、すでに実施している企業もある。

県内に本店を構えるある小売業では県内外に複数の店舗を展開。本店で実施した情報セキュリティ対策セミナーの様子を録画し、参加できなかった従業員がインターネットを介していつでも、視聴できる環境を用意した。

具体的には、NTT東日本が提供しているクラウドサービスのeラーニング&情報共有ツール「ひかりクラウド スマートスタディ」を用いて、セミナーのビデオや資料を各店舗の従業員に公開。従業員は都合のいいときにインターネットからアクセスしてセミナーの内容を視聴できる。

「最近は働き方改革もあり、勤務時間外に研修を行うのも難しい状況になっており、複数の拠点を構える企業や店舗、勤務時間がバラバラな医療機関などにも、eラーニングやオンラインセミナーは適しています」（仁井田氏）

FICでは個別企業向けの情報セキュリティ対策セミナーのほか、一般向け（企業、地方自治体、医療、介護、教育など）のセミナーも定期的に開催している。

メールやシステムに潜むリスクを見える化

このようなセミナーのほかにも、情報セキュリティ意識の向上とリスクの見える化を目的に「標的型攻撃メール訓練」を実施している。標的型攻撃メールは取引先などを装って送られてくるため、気が付きにくいという問題がある。そのため、従業員一人ひとりが攻撃メールであると気付けることが有効な対策であり、意識の向上が欠かせない。

「訓練では、全従業員に対して標的型攻撃メールを仕掛けます。この訓練を通じて、自社の従業員のセキュリティ意識を見える化できます。開封率など訓練の結果を社内の掲示板などで従業員に伝え、脅威を理解してもらうことが対策の一歩になります」（橋本氏）

訓練後、全社的な教育が必要な場合、企業の要望に合わせたセミナーを開催したり、メールセキュリティを強化する製品・サービスを紹介したりできるのも情報セキュリティ事業部の特徴だ。

情報セキュリティ対策の意識改革を進める企業や医療機関などがある一方、「自社のセキュリティレベルが分からない。対策といっても、何から手を付けたらいいのか分からないという声も聞かれます。そこで、自社のセキュリティレベルがどの程度なのか、セキュリティ状況を診断する『ＦＩＣ Ｄｒ．（エフアイシー ドクター）』サービスを提供する計画です」と仁井田氏。

同社のセキュリティエンジニアが企業のセキュリティ対策状況をチェック。サーバーやパソコンのＯＳやソフトウェア、ウイルス対策ソフトのバージョンやパスワード管理、個人情報管理、権限設定などをチェックする。また、ネットワーク環境やセキュリティ対策、メールセキュリティ対策、ＵＳＢメモリーなどのセキュリティ対策状況などを包括的に診断する。

診断結果はレポートとして提供され、セキュリティ対策状況を見える化する。このサービスは、いわばセキュリティ対策状況の健康診断となるものだ。定期的に状況をチェックすることで、改善点を洗い出し、対策を講じる手立てとなる。

このほか、ビジネスに欠かせないホームページの安全性をチェックするWebセキュリティ診断サービスを用意。ホームページに情報漏洩や改ざんにつながるような弱点がないか、不正なサイトへのリンクが埋め込まれていないかなど、遠隔から診断し、結果を通知する。自社だけでなく、ホームページにアクセスする利用者の安全を守るためにも、日ごろからのチェックが必要だ。

企業ではオンプレミスからクラウドへのシフトが進む中、FICでは自社データセンターを核にした事業を強化・拡大。例えば、データを安全に保管したい企業向けにクラウド上でデータをバックアップするオンラインストレージサービスを提供する。

さらに橋本氏は、「データセンターに常駐するセキュリティエンジニアによるSOC（セキュリティ・オペレーション・センター）サービスの準備を進めているところです。これにより、遠隔監視など企業のセキュリティを支援します」と今後のサービス展開を語る。

企業のセキュリティニーズを先取りし、地域に密着した活動を展開する福島情報処理センター情報セキュリティ事業部の動向が注目される。

参考情報

■ **総務省**
https://www.soumu.go.jp/

国民のための情報セキュリティサイト
https://www.soumu.go.jp/main_sosiki/joho_tsusin/security/

■ **経済産業省**
https://www.meti.go.jp/

情報セキュリティ政策
https://www.meti.go.jp/policy/netsecurity/

■ **中小企業庁**
https://www.chusho.meti.go.jp/

中小企業の情報セキュリティ
https://www.chusho.meti.go.jp/keiei/gijut/security.htm

■ **警察庁**
https://www.npa.go.jp/

警察庁サイバー犯罪対策プロジェクト
https://www.npa.go.jp/cyber/

■ **東京都産業労働局**
http://www.sangyo-rodo.metro.tokyo.jp/
Twitter　@cys_tokyo

中小企業向けサイバーセキュリティ対策の極意
https://cybersecurity-tokyo.jp/

■ **独立行政法人 情報処理推進機構（IPA）**
https://www.ipa.go.jp/
Twitter　@IPAjp

情報セキュリティ対策支援サイト
https://security-shien.ipa.go.jp/

情報セキュリティ
https://www.ipa.go.jp/security/

中小企業の情報セキュリティ対策ガイドライン
https://www.ipa.go.jp/security/keihatsu/sme/guideline/

■ **一般社団法人 JPCERTコーディネーションセンター（JPCERT/CC）**
https://www.jpcert.or.jp/
Twitter　@jpcert

脆弱性対策情報
https://www.jpcert.or.jp/vh/top.html

■ **特定非営利活動法人 日本ネットワークセキュリティ協会（JNSA）**
https://www.jnsa.org/
Twitter　@jnsa

JNSAソリューションガイド
https://www.jnsa.org/JNSASolutionGuide/

【監修協力者一覧】
東日本電信電話株式会社
ビジネス開発本部
加藤成晴
白石涼子
納富崇之
川澄亜希

社長のための情報セキュリティ
その取り組みが会社を強くする

2020年4月13日　初版第1刷発行

著　者　日経BPコンサルティング情報セキュリティ研究会
発行人　寺山正一
発　行　日経BPコンサルティング
発　売　日経BPマーケティング
〒105-8308 東京都港区虎ノ門4-3-12
制　作　クニメディア
装　丁　松川直也（日経BPコンサルティング）
印刷・製本　図書印刷

ISBN：978-4-86443-135-4